振り向きざまのリアル

振り向きざまのリアル

― 哲学・倫理学エッセイ集 ―

土橋茂樹著

知泉書館

目　次

目　次

第Ⅱ部　災禍からの再生に向けて　リスクを分かち合う倫理

目　次

振り向きざまのリアル

――哲学・倫理学エッセイ集――

はじめに――振り向きざまのリアル

二十世紀を代表する哲学者の一人カール・ポパーによれば、オーストリアの女性著述家マリー・フォン・エプナー・エッシェンバッハ（一八三〇―一九一六）は、少女時代、実在論が誤っているのではないかという執拗な不安にとらわれたという。私たちの周りには、無数の事物が当たり前のようにそこに実在しており、誰もそれを疑おうともしない。けれど、もし、私たちが目をそらすと、その刹那にたちまち事物は消え失せてしまうのではないか。そんな神経症的な不安に苛まれたエッシェンバッハは、やがて、自分の背後に茫漠とした虚無が潜んでいるのではないかという疑念に取り憑かれてしまった。そんな疑念を振り払うべく、彼女は、突然振り向き、何もない文字通りの無から、いつもの見慣れた世界が大慌てで立ち現れるその瞬間を目撃してやろうと思い、何度も振り返ってみたそうだ。もちろん、そこにはいつも通りの世界が何事もなかったかのように居座っていたことだろう。安堵の思いと共になんだか肩透かしをくらったような、そんな彼女の深いため息が聞こえてきそうだ。

ここには素朴なヒューム的懐疑の芽生えを見ることができる。見えている〈もの〉は、見えている限り実在する。もしそうだとすれば、瞬きをする時、その〈もの〉はどうなるのか。瞬きのその刹那だけ消えて、またすぐ現れるのだろうか。それに、瞬きの前と後で、その〈もの〉が同じものだという保証はどこにあるのか。そうやって考え始めると、急に不安になる。今見えていない自分の背中越しの世界は、今この瞬間、一体どうなっているのだろうか？　ちゃんとさっき見た時と同じようにそこにあるのだろうか？

　ダルマさんがころんだ、という遊びを子どもの頃、よくやった。鬼になった子どもが背を向けて「ダルマさんがころんだ」と唱えている間に、他の全員が鬼に向かって少しずつ接近していく。しかし、鬼に移動しているところを目撃されたらアウトで、いわば人質として鬼に拉致される。だから鬼は、「ダルマさんがころんだ」と言い終わるや否や、大急ぎで振り向き、探す。その振り向きざまに、誰か少しでも動いている子どもはいないか、鬼はただその目撃のためだけに目を光らせるのである（世界的にヒットしたネット配信の韓国ドラマ「イカゲーム」をご覧になった方なら、あの最初のゲームのことだとおわかりだろう）。

　幼いエッシェンバッハのふるまいも、この遊びに似ていなくもない。おそらく、それは実在論そのものへの懐疑ではないのかもしれない。私の見ているこの実在世界とは異なる、もう一つの異なる実在世界が、私の瞬きする刹那にも、また私の背中越しにもあるのではないか。しかも、私の見ているこの世界は、本当の世界のあり方とは異なる、見せかけの世界なのではないか。ちょうど、鬼が背中を向けている間、子どもたちは活き活きと動き回っているのに、鬼が振り向くや否や、まるで「時間よ止まれ！」という魔法をかけられたかのように不自然な姿勢で凍りついてしまう、あの遊びのように。

ひょっとすると、ここにはヘラクレイトス流の万物流転的世界観（もっと洗練された形では過程存在論）とアリストテレス流の実体論的世界観、つまり〈こと〉的世界観と〈もの〉的世界観が混在しているのかもしれない。本当は、世界は常に流動している。しかし、私たち人間がそこにまなざしを向けると、なぜか急に魔法にかけられたように（ちょうどあのメデューサの眼光に射すくめられたかのように）、さっきまで流動変化していた世界が一気に様々な〈もの〉の枠へと嵌め込まれて石と化し、後はそのままじっと息をひそめて視線が行き去るのを待っているかのように思われるのだ。そう考えるなら、少女エッシェンバッハが振り向きざまに目撃しようとしたもの、それはまさにその魔法に囚われる寸前の活き活きとあるがままの世界、つまり振り向きざまのリアルだったのかもしれない。

＊　＊　＊

本書に納められた大小二三編のエッセイ（プラス書評一つ）には、このような意味での私なりの「振り向きざまのリアル」が様々な形で綴られている。幼いエッシェンバッハのふるまいのように、一見すると子供じみた戯れにみえることを大人になっても本気で繰り返し試みることが、ある意味で「哲学すること」と呼べるなら、本書はその限りでの「哲学」の試みと言えるかもしれない。ただ、本書に収められたエッセイの多くは、本気度よりは戯れ度のほうがやや高い文字通りの妄想であり、「哲学」と名乗るのも気恥ずかしい漫筆・漫談の類である。大学での私の講義もこうした漫談と大差のない、噺の枕や本筋からの脱線・余談が大半である。実にお恥ずかしい話だが、話して（／書いて）いる当人はすこぶる本気、いや本気で戯れているのだからなおさら始末に負えない。確かに、〈振り向きざまに私たちの知らないあるがままの世界が見える〉などとブツブツ呟きながら歩いているオジサンを見かけたら、誰でもちょっとアブナイ人だと思うに違いない。仕方なく私は、ウィトゲンシュタインの言葉を借りてこう言い訳するしかない。「この人は気が変なのではない。我々は哲学をやっているのです」(1)と（しかし、その後のコロナ禍でのオンライン授業では、さすがにパソコンに向かって一人で漫談やっているわけにはいかなくなってしまったが……）。

さて、本書第Ⅰ部は、私の勤める大学で開講されている通信教育のスクーリングに参加された（その多くは社会人の）聴講者に向けてお話しした、私なりの「哲学の勧め」をいくつか活字に直したものが大半を占めている。なので、第Ⅰ部の最初の五つの章だけは「です・ます」調で書かれており、その分、少しでも読みやすくなっていれば幸いである。第Ⅰ部を締め括るのは、今から二〇年以上前に書かれたものだが、今なおその輝きを失わない大森正樹先生の名著(2)の胸を借りて、私なりの「振り向きざまのリアル」をなんとか語り出そうとした若気の至りともいうべき、だからこそ私なりに思い入れの深いエッセイである。

第Ⅱ部は、一転して硬く重苦しい調子になってしまったかもしれない。私たちがこの世で生きていくにあたっては、事故や自然災害、さらには感染症や飢饉、貧困や戦争の影に脅かされずに天寿をまっとうすることは、確かに極めて稀なことに違いない。しかし、私たちの先人たちは、そうした災禍に何度見舞われても、そこからの再生を遂げてきた。私たちの日頃見慣れた日常は、決して確固不動なものではない。ひとたび災禍に見舞われたなら、たちまち世界の様相は一変するのだ。それはある意味では、もっとも残酷な仕方で世界の見方の転換を促すものかもしれない。二〇〇一年九月一一日の同時多発テロ、その十年後の二〇一一年三月一一日の東日本大震災と福島第一原発事故、さらに二〇二〇年代に入って早々のコロナ・パンデミックやロシアによるウクライナ侵略は、私たちに果たしてどのような問題を提起し、私たちの世界との関わり方にどのような変換を迫ったのだろうか。第Ⅱ部は、この問題のとば口でためらいがちに書き記された私なりの覚書である。

また、そうしたいわば危機の時代に、政治学や社会学とも宗教とも違った形で求められるのが倫理思想だとすれば、第Ⅱ部で語られるような受難の時代である現代において求められる倫理のあり方を、急ぎ足で倫理学の歴史をたどりながら探ってみたい。また、個人的な小さな障害の経験から、それまで当たり前だと思っていた日常の光景がいかに大きく変容するかを身をもって体験したエッセイも、蛇足を恐れずに載せておくことにした。

次の第Ⅲ部は、もうこれは文字通り、講義の枕に話したことや余談のオンパレードである。気に入った本や映画、芝居や落語などが、いかに凝り固まった私の常識を打ち破って、新しい世界の見方、その意味での「振り向きざまのリアル」を教えてくれたかを、いわば一筆書きで綴ったものだが、第Ⅱ部でやや胃もたれした読者諸氏のお口直しとなればもっけの幸いである。

註

(1) ウィトゲンシュタイン『確実性の問題』(ウィトゲンシュタイン全集9所収)、黒田亘・菅豊彦訳、大修館書店、一九七五年、四六七頁。

（2）　大森正樹『エネルゲイアと光の神学――グレゴリオス・パラマス研究』創文社、二〇〇〇年。

第Ⅰ部　哲学の余徳

1　哲学の奇妙な効用

秘められた老化との葛藤

毎年一二月中旬頃というのは、ちょうど卒業論文や修士論文の提出期限とも重なり、ただでさえせわしない師走が一層あわただしく感じられる時期です。最近は、パソコンとメールの普及で、締め切り一週間前ともなると、十数人の卒論やら修論やらの草稿が添付されたメールが私の中古パソコンに殺到します。送り手一人ひとりは、自分一人の論文原稿だけを読んでもらう心積もりなので、二、三日中にコメントをつけて返送してくださいなどと気軽に頼んでくるのですが、受け手の私の方はと言えば、それが十数人分なわけですから、寝る間を惜しんでひたすら彼らの論文と格闘することになります。

そうやって徹夜でパソコンに向かったりすると、最近はすっかり疲弊しきってしまい、その日の大学での講義は惨憺たるものになってしまいます。そんな時です、「もう若くはない」としみじみ思ってしまうのは。

この「もう若くはない」ということに関して、二〇一九年に惜しくも逝去された橋本治[(1)]が面白いことを書いています。たとえば、二五歳の人間がものすごく働いて、すっかり疲れきったとき、「もう一九歳のときみたいに若くはない」と思ったとしても、一晩ぐっすり眠れば、翌日は「もう若くない」なんて思っていたことさえ忘れてしまうほど回復していたりしますよね、普通は。この普通に疲れた二五歳は、一晩寝て、「なんだ、まだ大丈夫じゃないか」「俺の元気は回復した」「元に戻った」と思うわけですが、そのとき、「自分の元気を測るモノサシ」はと言えば、要するに〈一九のときの自分の体力〉ということになります。つまり、たとえば会議ごときでどっと疲れちゃう自分は、もう一九の時の自分じゃないように一旦は思ったけれど、一晩寝てその疲れがとれていたら、げんきんなことに、自分は一九のときの元気に戻れたと（二五歳なのに）すっかり思い込んでしまい、「まだ大丈夫！」と己が若さを確認する（つまり老化を否定する）わけです。

さて、二五歳のときなら一晩で元に（つまり一九のときの体力に）戻った体力は、二六歳のときでも、まぁ元に戻るでしょうし、二七歳になったからといって急にダメになるわけじゃないし、二八歳でも、まあなんとか……。しかし、三〇歳になったら、さすがに五年間の無理がたたってもう一晩じゃ元気が回復しなくなる。そういうとき、人はどうするか。

モノサシを替えるのです。

三〇になって、もう一晩寝ても一九のときの体力には戻れない。しかし、一晩寝ても一九のときの体力には戻らないが、「一晩寝て一九に戻れた二五のときの体力はまだある」と思い直すわけです。つまり、「一晩寝て一九に戻れた二五のときの体力」を「自分の元気を測るモノサシ」にすり変えちゃうんです。

二五のときの体力だったら、三〇の体力なら一晩で回復するし、三一でもまだまだ余裕だし、三二だって多分オーケーだし……。

しかし、四〇歳になるとさすがにどうしたって一晩で二五に戻るのは不可能。すると、今度はモノサシを「一晩で二五に戻れた三〇のときの体力」にすり替えてしまうのです。ちょっと煩わしいけど、このモノサシの中身を正確に表せば、「『一晩寝て一九に戻れた二五』に戻れた三〇」に戻れるかどうか、というのが自分の元気判別基準となるわけですね。なんとも不思議なことに、ここでは「一九＝二五＝三〇」という公式が成り立ってしまっていて、それを橋本治は「もうだめか、いやまだ大丈夫の公式」と呼んでいます。

どうやら人間の脳味噌というのは、身体から送られてくる「自分の体力が落ちた」という老化のサインを、この「いやまだ大丈夫公式」を使ってなんとか隠蔽しようとする習性があるようです。

連鎖式のパラドクスとハゲ頭

しかし、脳の隠蔽体質だけが問題なのではなくて、「もうだめか、いやまだ大丈夫の公式」が利用可能な事柄の方にも問題があるんじゃないかと私はにらんでいます。

つまりこうです。二十歳を過ぎれば人は日々少しずつ体力が衰え身体的に老化していきますが、それは微々たる変化のため、我々にはまったく意識されません。そうした、いわばミクロな量的変化の蓄積が、「若」から「老」へのマクロな質的変化となるわけですね。ところが、「若」に極小の「老」が付加されても「若」であることに変わりはありません。「若＋極小老」≒「若」と表せます。さらに極小老が付加されても、「若＋極小老＋極小老」≒「若」でしょう。では一体、どこで「若」は「老」へと反転するのでしょうか。

論理学の世界では、こうした屁理屈を「連鎖式のパラドクス（the Sorites paradox）」と呼んでいます。たとえば、今、パーフェクトなツルッパゲの人がいるとしましょう（私にとっても毛髪問題は深刻な問題なので、ハゲを例にするのは心がえぐられる思いなのですが）。さて、このパーフェクト・ハゲに毛を一本生やしてもハゲはハゲです。さらにもう一本生やしてもハゲはハゲ（あー、ハゲ、ハゲとそんなに気安く言わないで！）。さらに一本、さらに一本、そうやって増やしていってもハゲはハゲです。だって、もし仮にn本生やしたらハゲでなくなるとすれば、そこから一本引っこ抜いた（n—1）本ならハゲってことになりますよね。一本差でハゲかハゲでないかが決まるなんてことは論理的には認められません。

こうしたハゲ頭のパラドクスに類似した例はいくらでもあります。制限速度が四〇キロというとき、四〇キロが安全で四一キロが危険だとは言えませんね。時速一キロの差なんて誤差のうちです。だったら四一キロが安全で四二キロが危険とだって言えません。じゃ、四二キロが安全なら四三キロだって安全でしょう。この調子で推論の連鎖をたどっていけば、やがて四〇キロ制限の道路を一〇〇キロで走っても安全だということになるのでしょうか。

要するに問題はこうです。

ミクロな量的変化がマクロな質的な反転をもたらす場合、では、そのミクロな量的変化の過程のどこに質的な反転の線が引かれるのか、そもそもそうした線引きは可能なのか、そこがポイントですね。

一九歳の「若」者はいつ「老」人となるのか。論理的にはそんな線引きなどできっこありません。しかし、若者は必ず老人となるのです。四〇キロの制限速度を何キロオーバーしたら危険になるのか、論理的にはその限界線を決めることはできません（一キロの差が安全と危険を分かつとは思われないからです）。私の頭髪が何本抜け落ちたら私はハゲになるのか、その線引きは論理的には不可能です（一本の抜け毛によってハゲへと反転するとしたら、私は心安らかに洗髪など出来なくなるでしょう）。

そして、もっと深刻な倫理的問題として、胎児は一体、いつ、人間になるのか、という問題もこの中に含まれるでしょう。もし、受精後五か月で胎児は人間になると線引きするとしたら、では、四か月と三週間と六日の胎児はまだ人間ではないから中絶が許容される、ということにでもなるのでしょうか。たった一日違いで。

こうした問題は、確かに理屈の上ではパラドクシカルです。

しかし、現実には、四〇キロ制限の道路を一〇〇キロで飛ばしていれば危険だと誰にでもわかりますし、今まで述べてきたような「連鎖式のパラドクス」をいくら主張しても違反キップを免れることはありえません。ハゲ頭は多少毛が生えていようがいまいが、ハゲとはっきりわかります。「もうだめか、いやまだ大丈夫の公式」もやはりなんらかの臨界点はあるはずで、天寿をまっとうするまでこの公式を押し通せる人は稀なはずです。

要するに言いたいことは何かというと、制限速度や中絶が禁止されるべき妊娠時期を特定する（どこかある値で線引きをする）ための厳密な根拠はないが、しかし、実はそうした線引きのための厳密な論理的根拠など必要ない、ということです。では、厳密な論理的根拠なしにどうやってそうした線引きをするのか。もうおわかりでしょ？　そういった場面に必ず登場してくるのが、世間的常識や政治的配慮に基づいた倫理的規範であり法的強制なのです。

「もうだめか、いやまだ大丈夫の公式」を駆使して懸命に自らの老いを隠蔽している人に老いを宣告するのは、「いい歳をしてみっともない」という世間の白い目（すなわち共同体倫理）であり、「もう危険か、いやまだ安全だ」の論理を駆使する暴走ドライバーに罰金を課すのは、交通法規であり、つまりは法的強制という力によるものなのです。

ミクロな量的変化のプロセス上に本来はありえないはずの質的反転の変換ラインを、たとえば「還暦」という形で無理やり線引きし、「還暦過ぎたら好々爺」みたいな暗黙の規範を作っちゃうというのも、きっと秘められた倫理的、政治的企みなのだと思います。

1　哲学の奇妙な効用

「もう若くはない」という中年男の日常的な嘆息のうちにも、実は「もうだめか、いやまだ大丈夫の公式」やら「連鎖式のパラドクス」やらの様々な考え方が、なんの整理もなされずに雑然と混ぜ込まれているようです。それらのどれか一つだけを単独に取り出して、それだけを眺めてみると、どう贔屓目に見ても屁理屈だったり奇妙なパラドクスになったりします。哲学の問題を考えるということも、きっとそういうことなのだと思います。

それはつまり、こういうことです。

日常、ごく当たり前と思っている事柄に混ぜ合わされている多様な考え方のうち、どれか一つだけを単独に取り出して、それだけを論理的に整理し入念に眺め回したとすると、それはもはや決して当たり前とは思われない、むしろ明らかに非常識で、ときにグロテスクなほどパラドクシカルなものになり果ててしまうことがあります。哲学的にものごとを考えるということは、まさにそこから始まるものなのではないでしょうか。そして、「そもそも、そこで一体何が問題なのか」、そう改めて問い直してみる。日常性の只中にあっては決して意識されることのなかった常識的な予断を、奇妙な思考実験を介して、一枚一枚薄皮を剥がすようにして取り除いていき、そこに現れた得体の知れない何かを目の前にして、「これは一体何なんだ」と驚きをもって問うていく営み、それが哲学するということの、少なくともあり得べき一つの作法なのだと思います。

その一例として、「他人の痛み」をめぐる問題を考えてみましょう。

この問題を終生考え続けた故大森荘蔵(2)は、次のように主張しています。

他人の痛みをわたしが痛むことはできない。それは事実的にできないのではなく論理的にできないのである。つまり、他人とわたしという分別に意味があるかぎり、他人の痛みをわたしが感じるということは意味をなさないのである。

もし「他人の痛み」を他人の感覚的経験と考えれば、それを「私」が経験することはできません。なぜならば、もしそれを経験できてしまうと、他人の感覚経験をまさに経験しているその人は、もはや「私」ではあり得ないからです（他人の痛みを知れ、というのはあくまで比喩的表現であって、自分の頬を自らの手で打つときに感じる頬の痛みとまったく同一の痛みを他人の頬を打つときに感じることは決してできません）。では、私は「他人の痛み」をどうやって感じ取るのでしょうか。

たとえば、相手の青ざめて歪んだ表情、血を流し傷ついた身体、懸命に訴えるような身振り、そうした一切の外見上のふるまい、それがその者の痛みそのものなのでしょうか。行動主義者はそう考えます。しかし、人間と見分けがつかないほど精巧に作られたロボットが、人間そっくりの外見上のふるまいをしたからと言って、そのロボットは痛みを感じていると言えるのでしょうか（この問い自体、さらなる検討を必要とする大きな問題です。本書第Ⅲ部14も参照）。こう問うとき、私たちは、痛みの問題はやはり人間の内面の、つまり心の問題だとどうしても考えてしまいます。

では、外見上のふるまい一式がその者の心における痛みの感覚の内在を告げていると類推するならどうでしょうか。そうやって類推することによって、私は他人の痛みを感知したことになるのでしょうか。しかし、先にも述べたように他人に内在する「痛み」が私によって経験され得ず不明のままである以上、外見のふるまいからの類推が妥当であるか否かの判定基準自体も不明なわけですから、この類推は結局意味をなしません。

では、私の痛みの経験をそのまま他人のうちに読み込む、いわゆる「感情移入」という方策はどうでしょうか。この場合、読み込まれている痛みの感覚はあくまで「私の」痛みの感覚であって、いくら他人のうちに移し入れても決して他人の痛みの経験にはなり得ません。つまり他人の痛みの経験は、私が感覚することも、私の経験で読み替えることも、私の経験から類推することもすべて不可能なのです。

要するに、どう転んでも他人の痛みを私が感じ取ることはできないのです。

しかし、日常の場面で、腹痛を訴え泣き叫ぶ我が子の「痛み」を感じ取ることのできない母親が果たして存在するものなのでしょうか。現実には、ほとんどの母親は我が子の痛みを難なく感じ取り、しかるべき対応をしているはずです。「この子の痛みを私は痛むことができない」などと言っていたのでは、母親業は務まりません（もちろん、父親もまったく同様であることは言うまでもありません）。

では、先ほどまで並べ立てた哲学的議論は、ただのくだらない屁理屈だったのでしょうか。必ずしもそうではないと思います。確かにあまり生産的ではなさそうな屁理屈めいたものによって、実は私たちが日常の生活において妥協して見過ごしている何かを見出す機縁となっているのではないでしょうか。今の母親の場合でも、厳密に論理的に言えば、やはり子どもの痛みを自分の痛みとして経験できてはいません。しかし、痛みに苦しんでいる我が子をそのまま見過ごすことの心の痛みという仕方で他人の痛みにある種の共感をもつことは可能ですし、そうした共感をもって、他人の痛みがわかるということも言い得るわけです。共感・シンパシー（sympathy）とは、ギリシア語の語源に遡れば、文字通り「受苦（pathos）を共に（syn）すること」なのですから、言ってみれば、母（ないし父）と子は痛みを共にしている、というわけです。

しかし、その場合でも、母（ないし父）の「痛み」の意味は、子の「痛み」の意味とは明らかに異なります。そのことを、私たちの日常は特にそうと意図することなく見過ごし隠蔽し、あたかも同じ痛みを共有できているかのようにして暮らしているのです。私たちは皆で共同して（本当はあり得ない）一つの現実を作り上げているようなものなんですね。

そのように考えてみると、私たちが「現実」だと思っているものも、実は私たちみんなが協働して作り上げている幻想のようなものかもしれません。現実と虚構とは、案外、紙一重のものなんじゃないでしょうか。そのことに気づかせてくれるのが哲学的思考なのかもしれません（そんなの要らぬお節介でしょうが）。不思議なもので、哲学的思考も、最初は思考実験によってもたらされた限りなく虚構に近いもの、想像力をフルに稼働させて得られたものだったはずです。ところがそれを現実に適用すると、なんと奇妙なことに、確固不動に見えた現実のほうが揺らぎ始めるのです。「哲学は驚きから始まる」というアリストテレスの言葉は、まさに言い得て妙なのです。

現実と虚構の相互侵犯

ウディ・アレン監督・主演の映画「アニー・ホール」の中に、私の好きなジョークがあります。

ある男が精神科医のところへ来ていわく、
「弟は、自分が雌鶏だと本気で思い込んじまってるんでさ。一体どうしたらいいでしょうね」
「それじゃ、入院させましょう、連れてきなさい。」
「入院ですか。そりゃ困った。一体、これから誰が毎朝の卵を産むっていうんですかい」

この洒落た恋愛コメディ映画の文脈に限れば、ウディ・アレンの言いたかったことは、結局、夫婦なんてものもこの兄弟と同じで、同じ穴の狢、互いが共犯関係にある、ということだと思うのですけれど、しかし、もっと深読みもできるなかなか味わい深いジョークだと思いますね、これは。

たとえば、相手を病気だとはっきり認識しているその当人が、実は同じ病にはまりこんでいることには一向に気づいていない、それどころかお互いの病を互いに加速させてさえいる。言い換えれば、相手を自分とはまったく異なる（差別すべき）他者として排除しておきながら、実は、自分自らもその排除される側に組み入れられていることに無頓着なまま、それと知ることなく自己疎外を起こしている、というような具合に。

あるいはこうも読めます。相手が虚構のうちにしか自己のアイデンティティーを保てないことを、あくまで現実の側からリアルに認識していながら、その実、自分自身が相手と同じ虚構のうちに生きていることにまったく気づいていない、言い換えれば、虚構を現実だと思い込むことによって、しかも相手の虚構性を暴き立てることによって、自らの虚構性をより確固としたものへと（妙な言い方ですが、よりリアルなものへと）絶えず強化している、というような具合に。

このジョークで鮮やかに示されているように、虚構と現実は容易に相互に侵犯しあい、アッという間に反転しあう危うさを持っているようです。

鶴ヶ谷真一の名随筆集『書を読んで羊を失う』(3)にこんな話が収められています。それは『遠野物語』第二二節のごく短い怪異譚なのですが、要するに曾祖母の通夜の晩に、その曾祖母の幽霊が現れると言う話です。ちょっと引用してみますね。

ふと裏口の方より足音して来る者あるを見れば、亡くなりし老女なり。平生腰かがみてきものの裾を引ずるを、三角に取上げて前に縫附けてありしが、まざまざとその通りにて、縞目にも見覚えあり。あなやと思ふ間も無く、二人の女の坐れる炉の脇を通りて行くとて、裾にて炭取にさはりしに、丸き炭取なればくるくるとまはりたり。母人は気丈の人なれば振り返りあとを見送りたれば、親縁の人々の打臥したる座敷の方へ近より行くと思ふ程に、かの狂女のけたたましき声にて、おばあさんが来たと叫びたり。其余の人々は此声に睡を覚し只打驚くばかりなりしと云へり。

実はこの話に心底感嘆したのが、あの三島由紀夫なのです。彼が絶賛するのは、「裾にて炭取にさはりしに、丸き炭取なればくるくるとまはりたり」というくだりです。

つまり三島の主張はこうです。曾祖母の幽霊は明らかに非現実、超現実の幻です。それが現れたときは、しかし、まだ通夜の席という現実の中にポッと超現実の穴が空いたような感じですね。現実はまだ圧倒的に安定しています。ところが丸い炭取りに幻の曾祖母の着物の裾がさわって、「丸き炭取なればくるくるとまはりたり」というその瞬間に、安定していたはずの現実を非現実が侵犯し、アッという間に現実と幻の反転が起こってしまったのです。つまり幽霊のほうがその瞬間に現実となり、それ以外は一切リアリティを奪われてしまったという次第。そのとき「炭取はいわば現実の転位の蝶番のような役割をはたしている」というわけです。

ウディ・アレンのジョークでは、この種の蝶番役を「兄」が担っていたことになりますね。さあ、勘のよい皆さんのことですから、私が今日の話のオチをどうしようとしているか、もうおわかりのことと思います。そうです！　哲学的な思考というものも、使い方によっては、こうした蝶番役を十分はたし得るのではないでしょうか。それが一体なんの役に立つのか、ですって？　そうですね、強いて言えば、それだけ私たちの現実の生活をもっと奥深くて驚きに満ちたものに、束の間、変容させてくれるってところにあるんじゃないでしょうか。それは思いのほか、胸躍ることですよ。

註

（1）　橋本治『戦争のある世界――ああでもなくこうでもなく4』マドラ出版、二〇〇四年、一一一―一一三頁。

（2）　大森荘蔵『物と心』東京大学出版会、一九七六年、二〇六頁。

（3）　鶴ヶ谷真一『書を読んで羊を失う』白水社、一九九九年、九五―九七頁。

2　古《いにしえ》の東西文化交流

借り物の哲学

いろいろな場所で哲学の話をする機会がありますが、その際に何度も耳にしたのは、哲学という学問の難解さ、捉えどころのなさはどうにかならないものか、という溜息まじりの訴えでした。私たちが物事を考えるとき、日頃は当たり前と思い込み、それを基盤に物事を見ていたはずのもっとも確固とした「ものの見方」自体をいわば宙吊りにし、あたかも足場をはずされ必死に虚空を蹴る人のように、ことさらに問いたてるのが哲学の主要な仕事なわけですから、わかりにくいのも当然かもしれません。むしろ、当たり前だと思っていた常識的な世界観、人生観に混乱を引き起こすことさえも哲学の一つの効用と言えるほどなのです。

だからといって、哲学がチンプンカンプンなのはどうしようもない、諦めてください、そんなことをここで言いたいわけではありません。それどころか、私自身も、現在の哲学を取り巻く状況に疑問がないわけではありません。もし哲学がそのように最も基本的なものの見方、考え方を見直す営みなら、私たち自身のものの見方、考え方を自分たちの言葉で捉え直していくべきではないのか、それなのに、どうして日本で哲学と呼ばれる学問は、西欧の哲学者の横文字の思想をあれこれ引っ張り出してきては、デパートよろしく陳列しているだけなのか、そうお思いになったことはありませんか。「哲学とは私が真に私となるために不可欠な営みなのです」とか何とか偉そうに言っているくせに、哲学の教師のやっていることといったら、西欧の骨董品的哲学から最新の人気ブランド哲学まで、欧米諸国に買出しに出かけてはそれをただ日本に（翻訳という形で）横流しししているだけのインチキ・ブローカーみたいなものではないか。うーん、キツイ。しかし、半ば以上はおっしゃる通りなのです。

確かに哲学（フィロソフィア）とは、古代ギリシアに始まり、中世・近代西欧に引き継がれた、つまり西欧起源の一連の思想とみなされてきました。そして明治以降、日本の哲学界は西欧の巨大な知の遺産を教師として、学びつづけてきました。しかし、そのようないわば借り物の哲学の知恵が、本当に私たちの哲学への愛好（フィロ・ソフィア＝愛・智）をもたらしてきたといえるのでしょうか。学ぶべきは学び、しかし同時に、私たちの祖先が営々と築きあげてきた知恵を彼らの哲学と融合させ、もって哲学そのものの歴史の深まりに何らか寄与することはできないのでしょうか。その意味での真の東西交流を哲学の世界でも試みるべきではないのでしょうか。相変わらず西欧の思想の断片を無理やり叩き込ませるだけの哲学教育に果たして未来はあるのでしょうか。

そして、過去を振り返ってみたとき、こうした意味での東西の文化の交流が、実は二千年以上昔から連綿と様々なジャンルで行われてきていたことに気づかされます。西欧の美術、宗教、文学、哲学が東洋のそれらと各々別個に成り立っていたわけではなく、実はその形成過程でなにがしかの関わり合いを既にもっていたのだということを私たちは思い起こすべきかもしれません。そうした古の東西文化交流のほんの一例をご紹介することによって、現在、皆さんが学ぼうとしている哲学という領域でもまた、私たちの側から何ができるのか、考えるようすがにしたいと思います。

アレクサンドロス大王の東征の影響

二〇〇三年、東京と神戸で催された「アレクサンドロス大王と東西文明の交流展」は、近年稀に見る出色の展覧会でした。皆さんの中には会場へ出かけられた方もいらっしゃると思います。紀元前四世紀、弱冠二〇歳にしてマケドニア王となったアレクサンドロス（在位、前三三六—三二三年）はあまりにも有名ですが（哲学者アリストテレスにとっても因縁深い人物です）、その彼がコリントス同盟下のギリシア軍勢を率いてアケメネス朝ペルシャに侵攻しフェニキア諸都市やエジプトを制圧、さらに中央アジア、インドにまで到った壮大な東方遠征を契機に、ギリシア美術と東方各地の美術とが出会い、やがて始まった両者の交流の軌跡を、各地の各時代の美術品を展示することによって目の当たりにしてくれたのが、この展覧会です。

中央大学の田辺勝美先生が、この展覧会の監修者として大きく貢献なさっておられるのですが、先生の解説を読むと、ギリシア神話を始めとする地中海文化がガンダーラやインドの仏教美術を介して日本の仏教文化に影響を与えていく線を具体的に辿ることができ、驚きを禁じ得ませんでした。

たとえば、ギリシア神話上、北風の神であるボレアスは、アテナイ王女オレイテュイアをまさに掠奪せんとする場面を描いたアテナイ出土の陶器画（前四七〇年頃）にその姿を現していますが、さすが風神らしく長髪と長い髭を風になびかせ、大きな翼を背に生やしています。ところがその後、中央アジアから北インド中部にまたがるクシャーナ朝の風神ウァドー像へと受け継がれたその姿は、カニシュカ一世金貨（後一二七年）では有翼である上に風をはらんだマントを両手で掲げ持ち髪をなびかせ疾駆する姿で、しかしほぼ同時期の同王銅貨では翼がなくなりただマントのみを掲げる姿で、またフヴィシュカ王銅貨（二世紀後半）ではさらにマントの替わりに風袋を背負った姿で刻印されています。このようなクシャーナ朝の風神像はその後中国に伝播し、たとえば敦煌の第二四九窟（六世紀）天上壁画に中国伝来の風神像と融合したその姿を現しています。大きく弧を描く風袋を肩にかついだそうした中国の風神像は、ついに日本にも伝えられ、一二世紀の金剛峰寺所蔵の経典見返しに描かれ、やがて一七世紀には私たちもよく知る俵屋宗達の風神像へと繋がるのです。「それゆえ、わが国の風神像は風袋を通して西欧の風神像と血縁的に結びついているのであって、決して孤立した存在ではない」と、田辺先生もカタログの中で力説しておられます。

こうした例は風神一つではありません。たとえば、あの鬼子母神の原型はギリシアの幸運、豊穣の女神テュケーに、毘沙門天と大黒天は同じくギリシアのヘルメス神に由来するのだそうです。もちろん、風神の例と同様、中央アジア、インド、中国といった文化圏が自らの伝統とギリシア美術を融合しつつ仲介者となって日本へと伝えてくれたからこそこうした伝播は可能となったわけです。時と場所をまったく異にしながら、図像上の同型性が現れることを手がかりに（こうした手法をとる学問を「形態学 morphology」と言います）、それら美術品の数々を繋いでいくことによってそこにある文化的伝播の跡を見て取ることができるのは、そこに既に軍事政治的、経済的交流のほかに文化的交流があったことの証に他なりません。私たちが京都や奈良で仏教美術に接するとき、それをもちろん日本固有のものとは思いませんが、インドや中国から伝来したアジア（東洋）固有のものだとはつい思いがちです。しかし、実はそれらのうちのいくつかはさらに遠くギリシアに淵源すると知ったとき、私たちはひょっとすると今まであまりに安易に東洋、西洋という境界線を自明のものとし過ぎてきたのではないか、と思わずにはいられません。

キリスト教と真言密教

さて、今見てきたような美術作品の背後には、広大な宗教文化の領野が控えています。私たちが西欧の宗教というと真っ先にキリスト教を思い浮かべますが、それはもっと詳しく言えば、一〇五四年の東西教会分裂以降、アウグスティヌスらのラテン教父（一―八世紀頃までにキリスト教正統信仰の礎石を著述と生活の両面で築いた文字通りキリスト教の父といえる信仰者）たちの伝統を継承しつつローマ総主教座を中心に西欧に展開した西方（ラテン）キリスト教が一般にはキリスト教としてよく知られていると思います（それはその後、カトリックとプロテスタントにさらに分かれていきますが）。しかし、地中海東岸およびシリア、メソポタミア、エジプトで活躍したギリシア教父たちの伝統を継承し、コンスタンティノポリス総主教座を中心に展開し、後にロシア正教会、ギリシア正教会、ルーマニア正教会などの東方正教会およびその他の東方諸教会を含み込んでいった東方キリスト教の流れについては、あまり知られていないのではないかと思います。たとえばドストエフスキーなどのロシア文学に登場するキリスト教はこの東方キリスト教の流れに属します。

つまり、私たちが一口にキリスト教と言ってしまうものの中にも、既に東西の隔たりと関わりの歴史が二千年にわたってあったわけです。この両者は、確かに教義や典礼、さらに霊性において相違を見せますが、とりわけ東方に特徴的なのは、信仰と祈りによる魂の浄化の末に、ついに人間は神になることができるという「人間神化」の教えではないかと思います。これは何か途方もない教えのような気もしますね。しかし、私たち日本人にとって、実はこの「人間神化」の教えはそれほど縁遠いものではないかもしれないのです。

筑波大学の秋山学先生の論文を読んで、私も目から鱗だったのですが、先ほどの形態学的なアプローチを用いて言うなら、「人間神化」と同型の信仰形態が日本にもあったのです（秋山学

「神化」と「即身成仏」」、『エイコーン』第二五号参照)。それこそが弘法大師空海(七七四―八三五年)によって広められた真言密教で言うところの「即身成仏」の思想です。にわかには信じがたいのですが、「生きてこの身のまま仏となりうる」という教えは確かに「人間神化」にどこか通ずるところがあるようにも思われます。問題は、この同型性が単なる偶然なのか、それとも何らかの伝播経路を辿ることが可能などちらからかの影響のなせる業なのか、という点です。

ここで登場するのがネストリオス派です。四三一年のエフェソス公会議で異端と断罪された彼らは、その後イスラムと交流し、ギリシア古典をシリア語やアラビア語に翻訳するなどの文化的貢献を果たしつつ、やがて中国にまで東方伝導を押し進めていきました。それが七～九世紀の唐朝盛期に「景教」と呼ばれていたものです。景教は八四五年に一旦は外来宗教排撃策によって滅ぶものの、元の時代に西方諸民族との接触によって復興しました。さてここで空海はと言うと、苦労の末に八〇四年には長安の地にたどり着き、当地で般若三蔵の教えを受けていたと言われています。この三蔵ですが、西域出身の景教の徒、景浄(アダム)の協力を得て『大乗理趣六波羅蜜経』を漢訳しようと試みるもうまくいかず、結局、梵本から漢訳を仕上げ、それを空海が日本に持ち帰ったと言われています。ここからはもちろん推測になりますが、空海が三蔵、景浄を介して景教、つまり東方キリスト教の一派に接触し得た可能性は、決して小さなものではなかったのではないでしょうか。もしそうなら、真言密教の「即身成仏」の教えの彼方には、東方キリスト教が繋がっていたかもしれないのです。

『さまよえる猶太人《ユダヤ》』

宗教上の伝説もまた時空を超えて日常生活の隙間からなに食わぬ顔で現れ出てきます。その典型が「さまよえるユダヤ人」伝承です。それは一体何者かと言えば、ピラトによって磔刑を課せられたイエスがゴルゴタの丘へと引かれていく時、ある家の戸口に立ち止まって一息入れようとした彼に無情にも罵詈雑言を浴びせた上に散々打擲を加えた男、名は記録によって一致しませんが、カタルフィルス、アハスフェルス、あるいはブタデウス、さらにはイサク・ラクエデムと言われた男、彼こそがこの伝説の主人公です。もちろんその時、荊棘の冠を頂かせられ、紫の衣を纏わせられたイエスの姿を嘲笑し、石を投げ、唾を吐きかけた民衆は数多くいました。なのになぜその男だけがイエスの目に留まったのかわかりませんが、イエスは彼に「行けと云うなら、行かぬでもないが、その代わり、あなたはわたしが帰るまで、待っていなさい」という呪いをかけたのです。「わたしが帰るとき」、つまり最後の審判の下る日、世界の終わりまで永久に生きてさまよい続け、最後の裁きを待ちなさいという恐ろしい呪いなのです。

この伝説はヨーロッパ各地に流布しており、絵画や小説にも何度も描かれています。一九世紀前半に活躍したドイツの政治家・歴史家ホールマイアは、さまよえるユダヤ人の出現を事細かに記しています。彼によると、一三世紀頃からその男は頻繁に欧州各地に出没し始め、一五〇五年にはボヘミアで、一五四七年にはハンブルクで、さらに一五〇〇年代にマドリッド、ウィーンに現れ、一六〇〇年代に入ってからもリューベック、パリ、ブリュッセル、ライプツィッヒ、それから英国に渡り、かと思うと一七二一年六月二二日にはミュンヘンに出現し、また再び英国に戻りケンブリッジやオクスフォードで教授たちの質問に答えた後、デンマークからスウェーデンに立ち寄り、その後行方がわからなくなったそうです。神出鬼没とはまさにこのことです。

さて、このさまよえるユダヤ人は果たして日本にやって来たのでしょうか。この問いに小説家としての想像力を駆使して答えてくれたのが芥川龍之介です。彼の掌編『さまよえる猶太人』(1)によれば、偶然手にした文禄年間の古文書にその男に関する伝承が記されていたというのです（もちろん芥川の虚構ですが）。なんとさまよえるユダヤ人は、一五四九年、日本に最初にキリスト教を伝えたイエズス会士フランシスコ・ザビエルが平戸から九州本土に渡る船に同乗していたというのです。「ふらんしす上人さまよえるゆだやびとと問答の事」に関する委細はこの小説に譲るとして、なんとも愉快なのは、実に二千年の長きにわたって世界中の芸術家たちの想像力のなかで生きつづけてきた「さまよえるユダヤ人」が、日本人文士の想像力をもついに掌握し、何食わぬ顔でフランシスコ・ザビエルと共に日本上陸していたというその設定の妙です。なぜなら、さまよえるユダヤ人がアンチ・キリストの具現化に他ならないとするなら、日本への最初のキリスト教宣教者はアンチ・キリストと共にやってきたことになるからです。なんとも芥川らしい仕掛けです。

イエズス会日本コレジヨの『講義要綱《コンペンディウム》』

しかし、実際にザビエルが運んできたのは、そんなアンチ・キリストではなく、日本人には未知の文化の数々でした。彼は欧州のイエズス会会友宛てにこう綴っています。

私たちが今までの接触によって知ることのできた限りにおいては、日本人は、私が遭遇した人々のなかでは一番傑出している。……大部分の日本人は、昔の人を尊敬している。私の知り得たところによれば、それは哲学者のような人であったらしい。国民のなかには、太陽を拝む者が甚だ多い。月を拝む者もいる。しかし、彼らはみな理性的な話を喜んで聞く。

このように日本人を高く評価したザビエルは、西欧の文化を学問教育を通して伝えようと試みました。それはもともとイエズス会創立の理念でもありました。その当時、庶民教育がほとんどなされていなかった日本で、彼ら宣教師たちはキリシタン子弟に読み書き、音楽、作法などを教える初等教育を行いました。一五八一年には全国にそうした学校が二百校ほどもあったそうです。その後、巡察師アレッサンドロ・ヴァリニャーノは日本人司祭を養成するための高等教育機関、すなわち人文課程を修めるセミナリヨ、哲学・神学課程のためのコレジヨ、イエズス会士養成のノヴィシアードの設立を進めました。この後、秀吉の伴天連追放令（一五八七年）から一六一四年の禁教令発布を経て以降の宣教師と日本人キリシタンのたどる悲惨な運命は、皆さんも遠藤周作『沈黙』でよくご存知のことと思います（『沈黙』については本書第Ⅱ部9も参照して下さい）。しかし、ここで今取り上げたいのは、コレジヨで用いられていた教科書の話です。

当時の西欧の高い学問水準を保持しつつ、日本独自の文化的伝統にも十分配慮した『講義要綱（コンペンディウム）(2)』と呼ばれる教科書を執筆したのがペドロ・ゴメス神父です。ゴメスは一五八一年に来日に成功し、その後の迫害の中、一六〇〇年に長崎で帰天するまでの間に『講義要綱』を完成させました（執筆着手が一五八三年、完成は一五九三年です）。内容的にはいわゆる自由学芸（liberal arts; 文法、修辞、弁証論、幾何、代数、音楽、光学の七科）、神学、哲学を要領よく纏めたもので、第一部が天球論（当時、日本では地球が丸いとは知られていなかった）、第二部がアリストテレスの『霊魂論』他の要約、第三部がトレント公会議の概説、となっていました。

ゴメスはラテン語で執筆しましたが、驚くことにはラテン語の読めない日本人のために早くも一五九五年には日本語訳が完成していました（実はこの和訳版が発見されたのは、ちょうど四〇〇年後の一九九五年、なんとオクスフォード大学図書館でのことでした）。ラテン語本も十分日本の風土・事情を配慮して書かれたものでしたが、さらに日本の言葉で『講義要綱』が編まれたことは、とても大きな意義があると思います。いくら文化交流と言っても、こうした双方向の理解がなければ、それはただの文化的侵略に過ぎません。

しかし、それは口で言うほどたやすいことではありません。同じくイエズス会は、当時欧州の各大学で採用されていたいわゆる「スコラ哲学」の教科書を『名理探』（一六三一年）という書に漢訳しましたが、そこにはアリストテレス、トマス・アクィナスの哲学・神学体系が系統的に整理されていました。しかし、たとえばアリストテレス哲学の根本的アイデアが主語・述語構造に基づく世界把握であること一つとっても、名詞と動詞、主語と述語の本来的な区別が不分明な中国語によって一体どこまで理解可能になるものなのでしょうか。ラテン語を中国語や日本語にただ翻訳すれば、それで事が足るような問題ではないはずです。しかし、今、私たちが学ぶべきは、そうした絶望的な困難を前にして、彼ら宣教師が実際にとった手段です。彼らは、まず異文化の中へ実際に自らの身を置き、そこで異邦人たちと生活を共にすることで、自らをその風土、文化に同化させようと努力しました。もちろん、それは真実の同化ではないかもしれません。意図的に偽るつもりなど毛頭ないにもかかわらず、異文化交流に誤解は付き物です。しかし、野田秀樹(3)の台詞を借りれば、「偽り（イツワリ）は真実を生むためのツワリ」に違いありません。哲学の理解もきっと同じだと思います。最初から正解を求めず、何度も何度も間違いを繰り返すうちに、自分なりの手がかりがきっと見つかるのではないでしょうか。

註

（1）芥川龍之介「さまよえる猶太人」（『芥川龍之介全集一』所収）ちくま文庫、一九八六年。
（2）尾原悟編『イエズス会日本コレジヨの講義要綱』Ⅰ・Ⅱ・Ⅲ、教文館、一九九八―九年。
（3）野田秀樹『解散後全劇作』新潮社、一九九八年。

3　哲学はちょっとアブナイ（？）

一年おきに開講される哲学科目の夏期スクーリングですが、昨夏も熱心な通教生の皆さんと実に濃密な時間を過ごすことができました。皆さんの熱気溢れる意欲的な勉学姿勢に一体どれほど応えることができたか、いささか心許ないところですが、皆さんから連日寄せられた暖かい声にも励まされ、いささか欲張り過ぎかなと案じたほどギッシリ詰め込まれたメニューをすべてこなすことができました。毎日の講義後、驚くほど詳細に書き込まれたノートを手にした真剣なまなざしの数多くの質問者が、教壇のまわりを取り巻くように列をなし、その応対に毎度嬉しい悲鳴をあげておりました。とりわけ、スクーリング最終日に期せずして皆さんから贈られた大きな拍手は本当に嬉しかったです。こういうのを教師冥利に尽きるって言うんでしょうね。スマホでググればなんでも教えてくれるネット社会のこのご時世に、昔ながらの通信教育のシステムは、もはや時代遅れだという声はよく聞きます。しかし、毎回のスクーリングの熱気を思うと、通信教育という媒体の不自由さを乗り越えて何かを学び取ろうとしている通教生（通信教育部の学生さんはそう呼ばれています）、とりわけ長い社会人経験を経た後の学び直しを楽しんでおられる中高年、ときには古希間近の私よりさらに年上の通教生の皆さんとの一期一会の講義の機会は、私にとって掛け替えのない豊穣な時間となっています。

さて今回は、夏期スクーリング用に準備しながらお蔵入りしたお話のうちの一つを元ネタにして、哲学がもつ社会的な機能とでも呼ぶべきものに触れたいと思います。

『審　判』

実は、かつて住んでいた所沢で以前観たモノローグ劇が、いまだに脳裏に焼きついて離れません。その劇とは、史実に基づいて英国の劇作家バリー・コリンズという人が書き上げた『審判』という一人芝居なのですが、堅実な演技で定評のある俳優（加藤健一）が二時間三〇分の長丁場を一瞬のダレ場もなくたった一人で演じ切る見事な舞台でした。時は第二次世界大戦中、七人のロシア人将校たちがドイツ軍の捕虜となり、飲み水も食べものも与えられぬまま六〇日間も東ポーランドの修道院地下室に閉じ込められたという事実がこの劇の基になっています（二〇二二年にロシアがネオ・ナチを一掃するためという偽りの口実を設けてウクライナに侵攻したことを思うと、相も変わらぬ戦争の不毛さにいたたまれぬ思いがします）。やがて反攻に出た友軍に発見された二人の生存者は、既に発狂しており、暖かい食事を与えられた後、部下たちの目からその変わり果てた姿を隠すために射殺されたとのことです。しかし、もしその内の一人が正気であったとしたら、彼は一体、何を語ろうとしたでしょうか。その問いに答えるべく、劇中では、唯一の生き証人ヴァホフ大尉の証言という形で、人間の生の極限状態がフィクションとは思えない緊迫感をもって赤裸々に暴かれていきます。では、ロシア人将校たちが、自らの生き残りをかけて決行した「生存のための作戦」とは、一体、何だったのでしょうか。

同じ密室の中で飲み水も食べ物もなく六〇日間生き延びた者が、七人のうち二人だけという事実が告げているのは、残る五人がその二人にとって、文字通りの「生きる糧」となったということに他なりません。彼らが幽閉後一一日目に採った「生存のための作戦」とは、籤引きをして、負けた者が自らの肉体を飢えた仲間に提供することだったのです。しかし、いくら飢えているからといって、苦楽を共にした仲間を、いやもっと端的に「人間」を喰らうことのできる人間がいるものでしょうか。そんな獣じみた野蛮なふるまいを、いやしくも文明人ができるはずがない、誰だってそう思いたいですね。ところが、そういう私たちのすがるような思いを、この劇は容赦なく打ち砕いていきます。自分が生きるためには、他人の肉を喰らい、血を啜ることさえできるようになる、それが人間なのだ、と。

人間は動物とどこが違うか？

そもそも、人間とは何者なのでしょうか。確かに、栄養摂取能力や生殖能力を人間は動植物と共有しています。しかし、人間は自らを獣と差異化するために、食べることや性に関わる様々な禁忌（タブー）や慣習を形作ってきました。古代ギリシアの哲学者アリストテレスは、栄養摂取と生殖の能力を植物に、また感覚と運動の能力を動物に、それぞれ固有の能力として配し、人間のもっとも人間らしい働き（人間を人間たらしめる固有の機能）とはみなしませんでした。仏教でも、悪行の報いとして死後に人間が生まれ変わる動物の世界を畜生道として区別していますが、それはつまり、人間をあくまで畜生とは区別されるものとみなしていることに他なりません。

しかし、人間が動物と同じように飲み食いし、生殖活動によって子孫を増やす存在である以上、少なくともそうした営みに関する限りで自らを動物と区別するためには、たとえば、獣のような仕方で食べたり生殖したりはしない、という自己規制が必要になってきます。そのように人間を動物から差異化するために、人為的に課せられた禁忌や慣習、道徳、ものの見方、考え方、そういったものは、決して自然に本来備わるものではなく、あくまで人間が恣意的に作り上げたもの、つまり文化的なものであらねばなりません。

そもそも禁忌とは、極めて作為的な排除行為の反復による差異化の結果に過ぎません。たとえば、仮に豚肉を食べてはならない、という禁忌があるとしましょう。豚肉は、それが人間の食糧として適していないとか有毒であるという合理的かつ実質的な理由に拠るわけではなく、単にそれがたまたま排除の対象として恣意的かつ形式的に選ばれただけのことで、決して豚肉それ自体が実際に穢れているというわけではありません。しかし、たとえそれが恣意的で不合理な仕方であれ、一旦差異化されたならば、それを食することに関わる禁忌は、やがて確固としたリアリティをもつようになり、豚肉を食べるとは、なんと獣じみたことか、という信念がその共同体に共有されるようになるのです。

文化というものがそのように恣意的に作られたいわば擬制的なものである以上、地域に根ざしたローカルな文化が互いに相違するのは当然と言えます。(1) たとえば、何を獣的で野蛮とみなすかという点については、古代ギリシアの歴史家ヘロドトスによる次のような面白い話があります。

ペルシャのダレイオス国王が、側近のギリシア人を呼んで、どれほどの金をもらったら死んだ父親の肉を喰らう気になるかと尋ねた。もちろん、そのギリシア人は、どんなに金をもらってもそんな事はしないと答えた。

するとダレイオス王は、カラッティアイ人と呼ばれ両親の肉を喰らう習慣のあるインドの部族を呼び寄せ、どれほどの金をもらえば［その人肉食の習慣の代わりに］死んだ父親を火葬にする事を承知するかと尋ねた。すると彼らは大声を上げて、「そんな不謹慎なことは言わないでくれ」と言ったそうだ。

慣習の力はこのようなもので、私にはピンダロスが「慣習（ノモス）こそ万象の王」と歌ったのは正しいと思われる。（ヘロドトス『歴史』第三巻三八）

人間と動物の間に境界線を引くことは、私たちが思い込んでいるほどには、自明な事柄ではなく、むしろ極めて恣意的な文化的営為の結果なのではないでしょうか。

神性と獣性の間の空隙としての人間

こうした恣意的な排除による差異化は、人間性と獣性との間の境界線の画定に関してばかりでなく、神聖化の方向にも慣習的・規範的に働きます。神（々）をどのように描くかは、元々は自分たちにも備わっていたどの特徴を神聖なものとして、神的な領域に排除し理想化するかによって変わってきます。そのことを慧眼にも見抜いたのがクセノファネスです。彼は次のような有名な断片を残しています。

エチオピア人は、自分たちの神々が獅子鼻で色黒だといい、トラキア人は、碧眼で髪が赤いといっている。（クセノファネス、断片一六）同様に、馬は馬に、牛は牛に似た神々の形姿を描くだろう。（断片一五）

多くのポリスを経巡った放浪の哲学者クセノファネスなればこその、痛烈な擬人神観批判ですが、ここで私たちが注目したいのは、自己本位な擬人化の面ではなく、むしろ人間というものは、自らの特性をたとえ恣意的にであれ絶えず理念化・永遠化することによって、なんとか人間と神（々）の間に境界線を引こうとし続ける存在なのだという点にあります。そうやって古代の人々は、常に自己観想し続ける永遠存在という神（々）の本性に関わるいわば共同幻想を、自己の外部へと慣習的に投影し続けることによって、崇拝の対象としての神（々）のリアリティを神話の力を借りつつ確実なものとしていったのですが、それはあくまで、人類が自らのアイデンティティを自己措定していく過程に他なりませんでした。

ちなみに、慣習的な取り決めというものは、(1)確かに実際には、人間たちが恣意的に（勝手に）取り決めたものに過ぎません。しかし(2)だから慣習による規範はなんら尊重するに値しない、というわけでもありません。むしろ、自分のと異なる慣習に対しても敬意を払う必要があります。かなり大雑把な言い方になりますが、(1)の側面を強調し、(2)の側面を否定する立場が文化相対主義（relativism）であり、あくまで(2)の態度を保持するのが文化多元主義（multiculturalism）だと言えるでしょう。

いずれにせよ、人間とは、自らがもつ性質を動物（植物）と神（々）の両方向へと排除することによって差異化された、言い換えれば、それ自体としては、その基盤としてもっとも根本的な剥き出しの生も、その終極としてもっとも自己実現的な生も、共に自らの外部を同時に内へと包摂することによってのみ人間の生とみなされる、そういう存在なのだと思われます。もし人間の生が、そうした隣接する両極の生の間にぽっかり開いた空隙で展開される関係性の運動そのものなのだとすると、人間には、人間固有の働きというものが実はなくて、絶えず動物と神との両方向への分裂を抱え込みながら生きていかねばならない存在なのかもしれません。

では、そうした外部から内へと取り込まれた動物的生と観想的生の、人間における境界は一体どこに設定されるのでしょうか。そもそも人間化した「動物」性と、その動物性の中で受肉する「人間」性とを絶えず分離することによって、常に既に両者を分断する境界というものが存在すると言えるのでしょうか。おそらく人間は、そのような境界によって人間として囲い込まれるような存在ではないのだと思います。人間は、ひとえに人間というものを支える人間化した動物的生を超越し止揚する絶えざる弁証法的運動である限りにおいてのみ、すなわち自己自身の自己自身による否定的活動を通じて自らの剥き出しの生たる動物性を支配し、打ち壊すことによってのみ人間たり得るのではないのでしょうか（もちろん、その逆の規定も可能だと思います。かつてA・コジェーブが「人間とは動物が患う道徳上の病なのだ」と述べたように、人間とは、動物性の中で受肉した人間性を絶えず否定していく運動でさえあるのです）。

祭りごと（＝政）としての政治の変容

動物性と神性の両方向へと絶えず境界設定を行っていくのが、様々な禁忌や取り決めごとであると先に述べました。しかし、禁忌や取り決めは、それがあくまで擬制である限り、その実効性を保障するための力、つまり権力が必要となります。たとえば、何の変哲もない丸い土俵の中から女性を排除することによって、土俵は神聖なものだという神話が形成される経緯を考えてみましょう。既に見てきたように、女性を土俵から排除するための実質的な根拠などありません。あくまで形式的・恣意的に女性立ち入るべからずという禁忌を取り決め、それを実効あるものにしていくことによって、何の変哲もない土俵が、あたかも当初から神聖な場であったかのごとき共同幻想が極めてリアルな現実として立ち現れるようになるのです。しかし、当該の禁忌を実効あるものにするためには、どうしても人々の信念とふるまいをしかるべき方向へと強制し得るだけの力がなければなりません。その都度の禁忌や取り決めの実効性を担保する力、それこそ政治的な権力に他なりません。

たとえば原初的な共同体において、獣性と神性とから人間の領域を境界づける様々な排除・差異化のシステムは、その大半が祭礼の取り仕切りに向けられていたものと推察されます。語源学的にはやや怪しいかもしれませんが、「マツり」という語は、不可視なものが可視化する時を「マツ」（待つ）という意味合いを含んでいるように思います。不可視なものとは、獣性の側においては邪鬼の類、神性の側では神々のことを指しますから、日常生活においてはほとんど意識されることのない獣性と神性の間の境界設定を、折りあるごとに「祭り」として（ハレとして）強制的に取り仕切り、可視化していくシステム、つまり「祭りごと＝まつりごと（＝政）」を取り仕切る排除・差異化のシステムが、まさに〈政治〉となるわけです。

このような政治的な力は、いわば公的な権力と言えます。人々は、共同体の内部においては、この力に服し、様々な禁忌や規範に従わねばなりません。しかし、そのような政治的で公的な領域が確立されていくにつれて、そのような公的権力から隔絶された比較的自由な私秘的（プライベート）領域もまた徐々に確立されていきます。たとえば、古代ギリシアのポリス共同体においては、「家（オイコス）」がそのような私的な領域とみなされます。たとえば、豚肉を食べてはならないという禁忌が公的に実効力をもっていたとしても、家に帰り、こっそり食すぶんには、なんのお咎めもない、という公私二元の構造化がある程度進んでいたものと思われます。

ところで、生物学的必然性が支配する私的領域は、いかなる形であれ、いずれも生きるための必要性・必然性に拘束された領域であって、公的な政治権力の強制的支配が及び得ない場でした。それは、慣習なり法なりに託された公的な領域での規範的（強制支配的）役割が、単に生きるという生物学的レベルでは機能し得なかったからでもあります。また、法権力的な政治支配は正／不正、あるいは友／敵の二項対立によって、禁止抑圧の裏面として許容領域を必ず確保し、一方で公的領域での絶対服従を求めながら、他方で私的領域に自由の余地を残していたとも言えます。

ところが、このような伝統的な公権力支配とはまったく異なる政治支配の仕組みが、現代思想に大きな足跡を残したミシェル・フーコーによって提示されました。彼によれば、生‐政治的な支配権力とは、「生命に対して積極的に働きかける権力、生命を経営・管理し、増大させ、増殖させ、生命に対して厳密な管理統制と全体的な調整とを及ぼうそうと企てる権力」[2]であると主張されています。この権力は、従来の政治公権力が立ち入ることのなかった私的領域に、生命管理上の一定の標準や規格、基準を用いる点で極めて特異なものと言えます。なぜなら、そうした規格は個々人の生活全体についての監視を怠らず、その行動に逐一干渉すると同時に、他人に犯されることのない（私秘的な）自由の領域を決して残しはしないからです。しかも、公的な法権力が服従を拒むものを排除し抑圧するのに対して、規格による生‐政治的な権力は、排除抑圧するのではなく、規格に合わせて各市民を教育・矯正することによって、彼らの効用を向上させ、国家全体の生産性や社会の安全性を増大させさえするのです。

このように生‐政治的な権力が、専制君主や国家権力のような可視的な権力行使ではなく、我々の日常生活の中にいつのまにか組み込まれた不可視の管理システムを介して人知れず作動する権力なのであるとすると、私たち人間の生は、獣の生と境界づけられたものではもはやあり得ず、むしろその境界線を限りなく希薄化した剥き出しの生の管理、いわば人間の家畜化、といった事態が進行しているとさえ言えるかもしれません。

他方で、神性との境界線も私たちの時代にあっては、マスメディアによって限りなく無意味化されてきたように思います。ハレとケの対比などなし崩しに雲散霧消し、日常生活が限りなくハレ化、祝祭化されたテレビジョンやインターネットの中で、即席に神格化され、使い捨ての神々が大量に消費されていく時代、またそうした使い捨ての神々を通じて限りなく思考操作される時代、それが私たちの生きる現代社会の仕組みなのかもしれません。

哲学の使命

もし私たちの生が、このようにいつの間にか管理され、操作される生へと変わってしまったならば、そのことを誰かが暴き、告発しなければなりません。少なくとも知らぬ間に事が進み、気がつくと取り返しがつかなくなる、そういう事態だけは避けねばなりません。では、そうした仕事を一体誰が行うというのでしょうか。私がここで主張したいのは、そうした社会や時代に対する警告の役割もまた、広義の哲学の重要な働きではないか、ということです。

周知のように、かつてソクラテスは自らの哲学活動のために処刑され、イエスもまた十字架にかけられました（もしイエスをも広義の哲学者とみなすことができるならばですが）。なぜ、彼らは殺されねばならなかったのでしょうか。おそらく彼らは、自らの生を賭けて、彼らの生きている社会や時代が人間としての生を根こそぎしかねない脅威を自ら招いていることを告発しようとしたからではないでしょうか。哲学はいつの時代にあっても、「炭鉱のカナリヤ」を自ら任じてきたのだと思います。

「哲学」と言うと、「フィロソフィア（愛知）」というギリシア語に遡るまでもなく、何となく高尚で知的な余暇の過ごし方、あるいは暇人の知的な玩具のようなイメージで捉えられがちです。ついでなので、哲学というものの日本の受容の歴史について一言だけ触れておきます。「哲学」という訳語が明治期に西周らによって採択された経緯は比較的よく知られています。しかし、実はそこからさらに三〇〇年ほど遡った一五九五年天草版の『羅葡日辞典』には、哲学の項目に、

なんとローマ字で

Gacumonno suqi, banmotno riuo aqiramuru gacumon

と記されていたのです。これは容易に「学問の好き、万物の理を明らむる学問」と読むことができます。これが、おそらく日本でphilosophy（哲学）についての最初の定義だと思われます。「学問の好き」、なんとおおらかで伸びやかな定義でしょうか。私はこの辞典の記述を知ってからは、学生さんたちに、哲学とは要するに「学問の好き」つまり「わからなかったことがわかることを喜び好む」ことなんだと説明しています。日頃当たり前に思っていることの数々を、ことあるごとに徹底的に問い直し、当たり前だった出来事が実は驚くべき真実を隠し持っていたことを明らかにしていく営み、それこそが哲学なのだと思います。しかし、そうやって事態が明らかになっていくということは、いつも個人的な趣味のレベルでとどまるとは限りません。ときには、明らかにした事態を人々に伝え、時代の悲鳴を多くの人々の耳に届けなくてはいけない時がやって来るかもしれません。もし、そのような時が到来したなら、哲学を語ることは、極めてリスクの大きな仕事になるかもしれません。哲学はちょっとアブナイ、どころじゃないかもしれないのです。恥ずかしながら、私にはそこまでの覚悟はまだ（おそらく今後も）ありません。しかし、だからこそ、哲学者がソクラテスのように命を落とさずにはいられない時代が到来することを少しでも早く認知し、多くの人たちと協力し合って、その事態を食い止めるよう事前に市民として活動していこうと思っています。大哲学者が命を落とす時代ではなく、多くの市民哲学愛好家たちが人間として連帯できる時代、その到来に向けてせっせと支度を整えることもまた、哲学の社会的使命なのではないか、最近はそう思い始めています。

註

（1）ヘロドトス（松平千秋訳）『歴史』（上）、岩波文庫、一九七一年。

（2）ミシェル・フーコー（渡辺守章訳）『性の歴史Ⅰ――知への意志』新潮社、一九八六年、一七三頁。

4　人は見かけによらない？
――古代ギリシアにおける観相の術と情念論をめぐって――

「人は見かけによらない」と思わずにはいられないような苦い経験が、誰にでも一度や二度はあるのではないでしょうか。それどころか、相手の見かけに騙されずに人と付き合う術が知らぬ間に身についてしまった人も少なくないかもしれません。他人の心の内を外から覗き見ることがどれほど難しいことかは、誰だって分かっているはずです。しかし、それにもかかわらず、わたしたちはときに相手の表情のちょっとした変化から、相手の悲しみや蔑み、あるいは押し隠そうとしても溢れ出てしまう喜びを読み取れたような気になってしまうものです。人間というのは、それが所詮かなわぬことだと知りながら、他人の外観からその者の内面を推量・判断せずにはおれない生き物なのかもしれません。今回、最初にご紹介したいのは、そうした人間の性《さが》が一つの術知・学問として実際に研究されていた古代ギリシアの話です。

観相学

二〇一五年に刊行された『新版・アリストテレス全集』（岩波書店）の第一二巻には、全部で九編から成る小論考集が収められています。アリストテレス全集に収められてはいるものの、いずれもアリストテレスの真筆ではなく、彼が設立した学園リュケイオンを中心に展開したペリパトス学派の主導的人物、たとえばテオフラストスとかストラトンといった後継者たちの作とみなされています。今回、その内の半分ほどの翻訳を私が担当する機会を得たのですが、その中で通常のアリストテレス哲学研究ではなかなか出会えない面白い論考といえば、その一番はやはり「観相学」ではないでしょうか。「観相」というと耳慣れないかもしれませんが、人相占いとか人相学といわれるときの「人相」を思い浮かべてもらえると分かり易いと思います。しかし、観相学とは決して占いとか似非科学的なものではなく、当時は立派な術知として学問の名に値するものとみなされていたのです。

そもそも古代ギリシア語で「観相する」という動詞「フュシオグノーモネオー」は、字義通りに訳せば「自然本性（フュシス）を認識・判断する」という意味になるのですが、最初期の用例

（デモステネス）において既に「人の外観からその者の内面を推量・判断する」という特殊な意味で用いられていました。したがって、「観相学」（フュシオグノーモニアーあるいはフュシオグノーモニケー・テクネー）とは、身体と魂の間の密接な相互影響関係に基づき、可視的な身体的徴表を一種の記号として用い、それと相関する性格特性という不可視な心の働きを推量する術知のこと、と理解できると思います。まず、身体と魂の相関関係については、たとえば、酩酊や病気の場合には身体の（生理的）変化が心の働きを引き起こし、逆に顔面蒼白になるような身体（や表情）の変化が恐怖心や感情の変化によって引き起こされるように、身体と魂が分かち難く結びついていることは明らかです。実際、犬の身体には犬の魂が、馬の身体には馬の魂というように、ある特定の種の動物の身体には、それに固有のある特定の心の働きが必然的に随伴するからこそ、動物にはそれぞれの種に応じた専門家がおり、騎手は馬の、猟師は犬の外見からその心の働きを見取ることができるとみなされていました。だとすれば、人間にも同様のこと、すなわち観相が可能であるはずではないか、というのが彼らの言い分です。当時のこうした考え方が理解できれば、アリストテレス本人によって「観相」の具体例が取り上げられた著作が、推量判断の論理構造を扱う『分析論前書』と、動物の諸特徴を詳細に扱う『動物誌』という極めて学術性の高いテキストのうちに見出されるのも、十分納得がいくはずです。

とはいえ、いささか怪しげな観相家が当時いたこともまた事実でした。だからこそ、『観相学』の著者（いわゆる擬アリストテレス）は、そうした学術の名に値しない従来の観相法をしっかりと批判することによって、アリストテレスが打ち立てた学問の方法に則した正しい観相学を樹立しようとしたものと思われます。たとえば、ある動物と身体的に類似した特徴をもっている人がその性格もその動物と類似していると簡単に決め込むような観相家は、身体的徴表の選択を正しく行っていないとみなされました。また、顔に表れた表情だけで観相を行う人も正しい方法に従っていないと批判されています。なぜなら、異なった性格の人がたまたま同じ表情をすることはよくあることですし、いつも不機嫌な人がときに朗らかな表情をすることもある以上、顔のその都度の表情は、観相が依拠する身体的徴表としては不適当だからです。こうした批判に基づき、この著者は、できるだけ多くの動物について、身体的な動き、姿勢、色、顔に現れる表情、毛髪を含む体毛、肌のつや、声、肉づき、体の諸部分、体全体の格好といった身体的徴表および魂（ないし心）に自然に生じた性格特性とを徹底的に観察調査することを観相学に求めました。こうした徹底した方法に基づいてこそ、初めて以下のような記述が可能となるというのがその主張するところです。

柔らかい髪の毛は臆病さを表し、強《こわ》い髪の毛は勇敢さを表している。この徴表は、すべての動物を観察することによって選び取られたものである。実際、もっとも臆病な動物は、鹿、ウサギ、羊であり、それらの毛はもっとも柔らかい。他方、もっとも勇敢なのは、ライオンや野生のイノシシであり、それらの毛はもっとも強《こわ》い。同じことを鳥類においても見ることができる。……

現代の我々から見れば、繁華街の路地裏に夜な夜な出没する人相見も、正しい方法に則した古代の観相学者も、大差はないように思われますが、著者が言いたいのは、観相が成功するためには、徹底した動物観察に基づいた豊富な参照例を蓄積していくことが必要だということなのではないでしょうか。さらにもう一つ重要なのは、アリストテレス的命題論理、いわゆる三段論法への過大なともいえるほどの信頼が観相学を基礎づけていたという事実です。三段論法というのは、大前提、小前提、結論という三つの命題から成るもので、たとえば、以下のようなものです。

大前提　すべての動物は死すべきものである。
小前提　すべての人間は動物である。

結　論　故に、すべての人間は死すべきものである。

これは、三つとも全称肯定命題から成る「バルバラ」と呼ばれる論理式で、大前提と小前提が真であれば、必然的に結論も真となるため、アリストテレスが様々な学問を基礎づける際にもっとも多用した論理です。アリストテレス哲学を忠実に継承した『観相学』の著者も、おそらくはこうした師の方法を引き継ぎ、徹底した動物観察に基づいた豊富な参照例相互の検証をアリストテレス論理学に則して行ったものと思われます。ただ、ここで忘れては成らないのは、バルバラのような論理が効力を発揮するのは、「他の仕方ではあり得ない」つまり必然的様相における幾何学のような理論的領域であって、「他の仕方であり得る」つまり偶然的あるいは蓋然的な実践的領域ではないという点です。観相が行われるのが、個々の人々に関わる実践的場面だとすれば、そこには当然、偶然的要素や例外的事情が介入してくるだろうし、それを徹底的に排除せねば理論的な観相学が成立しないとするならば、そのような観相の術は我々にとってもはや何ら実用性のないものとなってしまうでしょう。

ところで、もし、完全に観相学を習得した人なら、人の見かけだけから、その人の性格を読み取ることが果たしてできるものでしょうか。ここで、倫理学の聴講者に対するアリストテレスの忠告が思い起こされねばなりません。倫理学のような実践的な領域においては、幾何学におけるような精確さを求めるべきではない、と彼は釘をさしています。観相の場合も、それが我々の社会生活において必要とされる限りでの実践知に過ぎない以上、相手の見かけ上のヒントから、相手の性格や心情が蓋然的にであれ予測できるならば、それに超したことはないわけで、決してそれ以上の精確さを求めるべきではないでしょう。確かに、身体と心は互いに密接に関係し合い、心の変化が身体に表れることも、その逆も、よくあることかもしれません。しかし同時に、柔らかい髪の毛をした臆病な人が、自らの克己心によって、いざという時には勇敢にふるまえるような勇気という徳を備えた人へと成長していくということもあり得るのが、他の生き物にはない人間の特性といえるでしょう。不安に苛まれ、悲しみに打ちひしがれてばかりいると、やがて表情や姿勢といった身体上の見かけが不安症めいて悲観的な人間に特徴的なものとなってしまうのが我々の自然なあり方であるとしても、その一方で、そのような不安や悲しみといった情念から脱却し、揺らぐことのない心の平安を体現していくことができるのもまた、他の動物にはなし得ない人間らしいあり方なのかもしれません。

情念からの脱却か、それとも適度な情念か

ヘレニズム期のギリシア哲学を（新）プラトン主義やペリパトス派（アリストテレス哲学の後継者）、さらにはエピクロス派と共に展開していったストア派の倫理学における中心理念は、不安や怖れ、喜怒哀楽といった一切の「情念からの脱却」、すなわち「アパテイア」と呼ばれるものでした。情念とは、ギリシア語で外部からの働きを被って生じた心の受動状態すなわち「パトス」であり、それに否定の接頭辞「ア」が付いてできたのが「アパテイア」という語です（英語のapathyの語源になります）。したがって、「不受動心」とか「不動心」とか訳されますが、ここではひとまず「情念からの脱却」と訳しておきましょう。さて、もしアパテイアの状態に達したストア的賢人であれば、その者の心は身体に起因する一切の情念の影響を受けないわけなのですから、そうした賢人の観相は果たして可能なのでしょうか。人の内面に生じるパトスに、心がどう対応するかというところでその人の性格や人柄が決まり、次いで、それに起因して身体的に表出された諸特徴を読み取ることで観相が成立するとするならば、そもそもそうしたパトスから脱却した賢人の揺るがない不動の心はいかなる身体的徴表としても表れ出ない以上、そのような賢

人の観相は不可能ということになりはしないでしょうか。

その問いに、観相家ならおそらくこう答えると思います。そのように完全に情念から脱却したアパテイアの状態は、もはや神に属するものであって、人間の自然本性にとっては決して実現することのできないものである、と。だからこそ、三―四世紀にエジプト、シリア、カッパドキア（現トルコ中央部）など東方キリスト教圏に巻き起こった修道院運動の中心理念が、まさに神に似た者になるために要請されたアパテイアであったというわけです。修道士たちの生活は修徳修業に励む禁欲主義的なものでしたが、その思想的背景としてストア派のアパテイア思想の受容という面があったことは否めません（たとえストア派哲学を禁欲主義と決めつけることが誤りであるにしても、そのことに変わりはありません）。情念からの脱却という意味でのいわば絶対的なアパテイアは人間にとって単なる理想に過ぎませんが、だからこそそれは神に相応しいものであり、修道生活の理想となったわけです。カッパドキアの教父バシレイオスが友人に隠遁生活を勧める書簡において、「世間からの隠遁は、世間から身体的に外に出ることを意味するのではなく、身体との共感から魂を切り離すことを意味し」、隠遁先である「荒野は、私たちの情念を鎮め、情念を魂から完全に切り離すための閑暇を理性に与えてくれる」と述べられているように、悪しき情念の除去は修徳修行の目的でした。

しかし他方で、感謝についての説教においてバシレイオスは、一切の情念から脱却するという意味での絶対的なアパテイアを人間離れしているとして避ける一方、過度の悲嘆落涙を卑しいことと戒めた上で、友人ラザロスの墓で涙を流すイエスを、私たちに「必要な情念」の規準・限界を示す模範として示しています（Basil, *Hom. De gratiarum actione 5*）。イエスのこうした心のありようは、「適度な情念」（メトリオパテイア）へと諸情念を理性が支配し導くことを意味しているといえます。『修道士大規定』によれば、真に情念を抑制している人は、低俗な諸情念に打ち克ち、それゆえ、抑制《エンクラテイア》は罪の破棄、ある種の情念の除去《アパテイア》であり、霊的な生の始まりとみなされています。こうしたいわば中庸としての「適度な情念」や「抑制」の考えは、ストア派ではなくペリパトス派の影響によるところが大であると思われます。

プラントン主義者である著名な文筆家プルタルコスが、長患いの末に亡くなった息子の父親であるアポロニウスという人物に宛てて書いた書簡を読むと、いくつかの興味深い論点が浮かび上がってきます。

息子が死んだときの心の苦しみと激しい痛みが、悲しみを引き起こす原因となるのは自然なことであり、それはわれわれの意のままにはならないものです。というのは私としても粗野で無情な冷淡《アパテイア》さを賞賛する人たちには与しません。それは可能でも有益でもありません。なぜなら、そのような冷淡さは、愛したり愛されたりする優しさを奪い去ってしまうのですが、それこそ何にもまして保持しなければならないものなのです。しかし、悲嘆が限度を超えてさらに増大するならば、自然に反するものとなり、それはわれわれの劣悪な考えによって生じたものであると私は主張します。それもまた、有害で劣悪であり、誠実な人間にはけっしてふさわしくないものとして捨て去らねばなりません。けれども、節度を心得た苦悩は拒絶すべきではないのです。（「アポロニオスへの慰めの手紙」三、102C-D[1]

プルタルコスはここで、ストア派のアパテイアに関する教説を、明らかに誤った見解として非難しています。プラトニストであるプルタルコスが、ストア派を批判するのはむしろ当然でありなんの問題もないとしても、では、なぜ「悲しみ」という情念が焦点になったのでしょうか？

その問いに答えるために、ここで簡単にストア派の情念論をざっと見直しておきましょう。初期ストア派において、パトスはすべて賢者の魂からは除去されるべき非理性的な運動、「過剰な衝動」と考えられていました。しかし、ゼノンやクリュシッポスを含む大半のストア派論者たちは、アリストンのような異端的な人物を除き、賢者に完全な無受動、無感動を課そうとしたわけではありません。もし賢者がごく普通の人間的衝動にさえ完全に無感覚であるとしたならば、一体、賢者はどうやって適度な情念をそれとして自覚・識別できるというのでしょうか。いずれにせよ、プラトンやアリストテレスのような魂の二部分ないし三部分説を奉じる考えに対して、ストア派は普通（ポセイドニオスのような例外を除き）、いかなる非理性的な要素ももたないロゴス（理性）に支配された一なる魂、魂の主導的部分に一元化された魂という魂観を主張しています。では、そのようにロゴス（理性）一元的なストアの賢者の魂は、プラトン主義者のように非理性的部分をもつことなしに、一体いかにして、それ自体が非理性的である情念をもつことができるのでしょうか。このような厄介な問題に直面したストア派の論者たちの対応は決して一様ではありませんでした。情念を判断とみなすにせよ（クリュシッポス）、判断に随伴するものとみなすにせよ（ゼノン）、そのいずれにしても、表象に対する理性の指導的部分の同意という合理的要素を情念の構成に必須のものとみなす立場が主流でした。ただ、ポセイドニオスのように情念を非理性的な欲求的力に帰そうとする立場もなかったわけではありません。

そのような情念に関するストア的説明の派生形の一つにエウパテイア説があります。エウパテイア（直訳すれば「よいパトス」）とはセネカによれば、次のようなものです。すなわち、賢者の魂においては、（情念の）傷が癒えた時でさえ、その傷跡が残る。賢者はそれゆえ、情念それ自体からは解放されているにもかかわらず、情念からの或る暗示や予兆を感じ取ることができるであろう。（*De Ira* I, 16, 7）

つまり、エウパテイアとは、合理的判断に密接に関わるいわば情念の痕跡であって、それ自身は情念ではないということになります。なぜなら、情念はあくまで非理性的なもので、賢者にふさわしいものではないが故に、賢者の判断に資するような情念（的な何か）があるとしても、それ自体はパトスではあり得ないからです。したがって何らかの形で本来の非理性的本性が理性化したパトス、不完全な形であれ合理化された情念とみなされ得るものがエウパテイアだと言ってよいでしょう。

いずれにせよ、ストア派の四大パトスのうち、少なくとも「悲痛」を除く三つには以下のようにエウパテイアが対応するとみなされています。すなわち、快楽には「喜び」というエウパテイアが、欲望には「願望」が、恐れには「用心深さ」がそれぞれ対応するとされます（SVF III, 431, 437, 438）(2)。しかし、少なくとも後期ストア派に至るまでは、「悲痛」に対応する理性的な要素つまりエウパテイアは語り出されることがありませんでした。言い換えれば、「悲痛」というパトスを「よいパトス」という形で合理的に魂の機能に一元化することは、極めて困難だったという事情をそのことは表しているものと思われます。それゆえ、プルタルコスやバシレイオスの書簡は、それに合理的な等価物すなわちエウパテイアを置くことが許容されない悲痛・悲嘆というパトスに、期せずして焦点を合わせることとなったのではないか、そう推測できます。

少なくともプルタルコスは、反ストアの旗を掲げる中期プラトン主義者として、アパテイア概念をペリパトス派から借用した「適度なパトス」概念と対比することによって、ストア派のアパテイア説を批判・攻撃したものと思われます。ストア派を論難する側から見れば、情念の排除（アパテイア）と適度な情念（メトリオパテイア）の両立は、たとえエウパテイア（よいパトス）の概念をもってしても、ありそうにもないことでしたし、とりわけ悲痛・悲嘆という情念に関してはエウパテイアの画定すらおぼつかなかったのです。そこをまさにプルタルコスは攻撃したというわけです。

結　び――神性と獣性の間で

慢性の重度意識障害状態にある患者はかつて「植物人間」と呼び慣わされていました（今では

そうした差別的な表現を避け、代わりに「植物状態患者」などと呼ばれています)。「人間として」分別(ロゴス)ある高度な精神活動を行い得ない、とりわけ言語を介した意思疎通が不可能な「かつて人間であった生物」を、「人間」としてではなく「植物」とみなすその残酷な呼称の起源は、少なくとも古代ギリシアのアリストテレスによって構築された人間能力のヒエラルキーにまで遡ることができるでしょう。彼は、栄養摂取および生殖を担う生命機能をあたかも植物に固有であるかのように人間としての生から排除しつつ、同時にそれなしでは一時たりとも生存し得ない必須条件として、人間の生に組み込みもしたのです。同様に、一切の身体性や諸情念から完全に解放されひたすら真理を観想し続ける生も、それ自体としては神に固有の活動として人間の生から排除されつつ、同時にそれこそが人間の完成に他ならぬ終極目的として包摂されもするのです。

このように人間とは、それ自体としては、その基盤としてもっとも根本的な剥き出しの生も、その終極としてもっとも自己実現的な生も、共に自らの外部を同時に内へと包摂することによって人間の生とみなしている存在にほかなりません。人間の生とは、そうした隣接する両極の生の間にぽっかり開いた空隙で展開される関係性の運動そのものなのかもしれません。もし、人間の生がこのようなものであるとしたならば、古代の観相学者たちは、果たしてそのような人間の心の深層を身体的な見かけからどのようにして読み取ることができるのでしょうか。「人は見かけによらない」、そう溜め息まじりに呟く彼らの声が聴こえてくるようです。

註

（1）プルタルコス（瀬口昌久訳）『モラリア2』京都大学学術出版会、二〇〇一年。

（2）J. Von Arnim, Stoicorum Veterum Fragmenta, vol. III, Teubner, Leipzig, 1903.

5　我々はどこから来たのか

「我々はどこから来たのか。我々は何者か。我々はどこへ行くのか。」これはフランスの画家ゴーギャンが、タヒチに移り住んだ後、晩年の作品にその標題として書き込んだ意味深長な言葉です。極めて哲学的で根本的なこの問いを標題として付すことで、ゴーギャンは何を表現したかったのでしょうか。専門家ならずとも、とても興味深い問いです。しかし、横長の画布に右から過去、現在、未来をそれぞれ象徴する人物群像を描いたこの有名な作品に一体何が暗示されているのかについては、残念ながら素人の私には手に負えそうもありません。その代わりと言ってはなんですが、この作品を重要な小道具として用いた、二〇一七年秋に（邦訳は二〇一八年の三月に）刊行されたダン・ブラウンの名物シリーズの最新作『オリジン』(1)から話を始めたいと思います。このサスペンス小説では、フィクションの身軽さとでも言うのでしょうか、今作のキーパーソンとなる未来学者エドモンド・カーシュがガウディ作のあの有名な「カサ・ミラ」（バルセロナのグラシア通りの一角に立ち、うねるような曲線的造形が印象的な世界遺産に指定された建築物）の最上階を借り切り（しかも内部を改装までして）、その室うちにゴーギャンの「我々はどこから来たのか……」の真作を密かに飾っているという、なんとも現実にはあり得ないような愉快な趣向が凝らされています。『オリジン』というタイトルからもわかるように、「我々がどこから来たのか」つまり人類の起源、さらには宇宙の起源をめぐる謎が、今作の主題として波乱万丈の手に汗握るストーリーをぐいぐいと引っ張っていく展開となります。もちろんネタバレは避けねばなりませんので細部について触れることはできませんが、少なくともシリーズを通じた主人公、宗教象徴学の国際的権威であるハーバード大教授ロバート・ラングドン（映画ではトム・ハンクスが演じていますね）が、例のごとく宗教と科学の板挟みになりながらも、人工知能と生物進化をめぐる新旧諸勢力の争いに巻き込まれ大奮闘するという粗筋だけは種明かししても許されるでしょう。言い換えれば、宇宙の発生や人類の誕生をめぐる科学的説明と、神による世界と人類の創造に関する一神教に特有の創造説話との相克と共存が今作のテーマとなります。この章で考えていきたいのはまさにそうした科学と宗教をめぐる問題です。

神語りと自然語り

そもそも古代ギリシアにおいて宇宙の発生は、まず神話・物語（ミュートス）として語られました。たとえば、ホメロスの宇宙像によれば、大地は平らで、大海に取り囲まれ、半球状の天空が上方を覆っており、そこに鏤《ちりば》められた太陽、月、星が下界を見下ろしていると考えられていました。そのように叙事詩において語られていた大地、海、天空、太陽、月のような宇宙の主役たちは、伝統的に神々とみなされており、自然神崇拝の対象でした。言い換えれば、オリュンポス神信仰と何らかの宇宙論的な現象（すなわち自然現象）との同一視、たとえば、天空の神として雷雲を集めるゼウス、海の神ポセイドンといったような自然の神格化が生じたわけです。したがって、そうしたいわば神々に満ちた宇宙の始まりを語ろうとすれば、それは自ずと神話的な物語にならざるを得ませんでした。まさにそうした書物であったヘシオドスの『神統記』の一節を見てみましょう。

賛えまつれ　常磐《とこわ》にいます不死の神々の聖い族《やから》を／大地《ガイア》と星散《ちりば》乱える天《ウラノス》とから生まれ　さら

に／暗い夜《ニュクス》から生じ　鹹《から》い海《ポントス》が育てたもう神々を。
語りたまえ　まずはじめに神々と大地が／また諸《もろ》河と大浪荒れる涯《はて》しない海が／
また輝きわたる星辰　高く広がる天空と／〔この両柱から生まれた　善きものの贈り手なる
神々が〕／いかにして生まれたもうたかを。（↓①）
また神々がどのように富を配り　いかに特権《ティメ》を分かちあい　さらにまた／どのようにして
はじめに山襞たたなずくオリュンポスの高嶺を手中に納めたもうたかを。
（↓②）[2]

①は神話的とはいえ一種の宇宙発生論であり、②はゼウスを主神とするオリュンポスの神々が権力をいかに奪取していったかという権力闘争史とも言えます。こうした二重のモチーフは、オリュンポスの神々における権力ヒエラルキーの頂点に君臨し、人間を取り巻く宇宙を秩序づけ統治する主神ゼウスへの賛歌として見事に統一されていきます。

要するに、ギリシア及び近東に流布していた神話すなわち宇宙（コスモス）について語られた物語は、同時に神々についても語られたことであり、宇宙の起源に関する理論つまり宇宙発生論（cosmogony）は、実際には、神々の系譜に関する説話《ミュートス》であり、血なまぐさい王位継承神話であったとも言えるでしょう。このように宇宙の発生に関する物語（宇宙生成神話）と神々の系譜に関する物語（王位継承神話）という二重のモチーフによって糾《あざな》われた物語類型は、なにも古代ギリシアに限ったことではなく、本邦の『古事記』にも国生み・神生み説話と天孫降臨に端を発する天皇系譜譚というかたちで容易に見出されます。

ところで、一方で叙事詩人たちが「神話語り《テオロゴイ》」（theologoi 神々《テオイ》について語る人々）と呼ばれたのに対して、神々ではなく自然《フュシス》そのものに目を向けた人々が現れ、「自然学者」（physiologoi 自然について語る人々）と呼ばれるようになりました。後にアリストテレスは、彼らの間から哲学が始まったと主張しましたが、彼ら自身は、自らを「哲学者《フィロソフォス》」（philosophos 知を愛する人）とは決して呼びませんでした（最初にそう自称したのはピュタゴラスだと言われています）。自然学者が最初に現れたのはギリシア本土ではなく、エーゲ海を越えて交易港として栄えた小アジア西岸の植民都市においてでした。小アジアのイオニア地方に次々に登場した自然学者たちは、彼ら自身が意図して学派を形成したわけではありませんでしたが、便宜的に「イオニア学派」あるいは、中心的な都市名ミレトスから「ミレトス学派」と呼ばれています。中心的な人物としては、タレス、アナクシマンドロス、アナクシメネスの名が知られています。

彼らはまず、宇宙《コスモス》を秩序《コスモス》ある全体として普遍的に観想し、ついで、そうした秩序ある全体がどのようにして生じたかを理解する（つまり説明できる）ための根拠として、その「原理（アルケー）」を考察していきます。「原理《アルケー》（始原）」とは、それから万事万象が生じ、それへと消滅する、あらゆる生成変化の元にあるもののことです。イオニア学派の自然学者たちは、このようにあらゆる生成変化の元にあるものとして、後に「構成要素《ストイケイア》」「素材《ヒュレー》・質料」と呼ばれる、それ自体は不可滅・永遠なもの、例えばタレスの場合、「水」を〈液体・固体〔氷〕・気体〔水蒸気〕〉と可変性に富み、すべての生命を養う、などといった理由のゆえに）万物の原理だと主張しました。万物の原理を宇宙の構成要素とみなすこうした思考パターンが、やがてデモクリトスの原子論（「原子《アトモン》」とは、「それ以上分割不可能なもの」を意味する）にたどり着くことは容易に理解できるでしょう。かくして、万有を普遍的かつ合理的に説明する試みは、哲学の起源であると同時に、科学の起源と言うこともできるわけです。

初期イオニア哲学を神話と断絶させることによって、ギリシア哲学史を合理的で科学的な自然把握の試みとして、いわば自然科学発達史的に叙述する流れは、一九四〇年に刊行されたW・ネストレの『神話《ミュートス》から理性《ロゴス》へ』（*Vom Mythos zum Logos*）という書名によって見事に定式化されました。もちろんこうした図式を批判して、E・R・ドッズをはじめ、神話に見出される非理性的要素の役割を古代ギリシア人に本質的なものとして綿密に跡づける研究も相次いで発表されましたが、現在では、少なくとも哲学の起源に関する限りでは神話と科学の協働を見る立場が妥当な線だと思われます。

現代の宇宙物理学的世界観の限界

　ところで、今、宇宙は何からできていると思うかと学生さんに尋ねたなら、多くの人が「原子」や「素粒子」、物知りな人なら「クォーク」とか答えることでしょう。さらに宇宙の起源はどのようなものだと思うかと尋ねたなら、大半が「ビッグバン」と答えるに違いありません。まさか宇宙は神々から成るなどと大真面目に答える学生はいないはずです。その意味では、現代人の宇宙観は確実に「神話から理性へ」と移行したと言えるでしょう。先に紹介した『オリジン』の中で未来学者カーシュは高らかにこう宣言します。「宗教の時代は終わりを迎えつつあり、科学の時代が幕をあけようとしています」と。しかし、そもそもこの話はそんなにあっさりと結末を迎えられるものなのでしょうか。

　とりあえず現代の宇宙物理学をざっとおさらいし、人類は宇宙の起源をどこまで探り当てたのか見ていくことにしましょう。まず「原子」ですが、ギリシア語の語源「それ以上分割不可能《アトモス》なもの」に遡れば、それは必ずしも「最も不可分なもの」とは言えません。なぜなら、原子はさらに、電子と原子核に、さらに原子核は陽子と中性子に分割されるからで、原子が地球の大きさだとすると、原子核は野球場、電子は小さなボールくらいという比率になります。電子はもはやそれ以上分割できない素粒子ですが、陽子と中性子はさらにクォークに分割できますし、非常に見つけにくい素粒子であるニュートリノも宇宙を構成する重要な要素です（ちなみに「中性子」は「ニュートロン」ですが、同様に電気的に中性で非常に小さい粒子という意味で「ニュートロン」にイタリア語の指小辞「イーノ」を付けて名付けられたのが「ニュートリノ」です）。

では、宇宙は「不可分な物質」すなわち電子やクォークやニュートリノなどの素粒子から出来ているのでしょうか。実は、米国NASAの観測衛星WMAPの測定によれば、それら素粒子のエネルギー総量は宇宙全体のわずか四パーセントちょっとだそうです。残りは何かと言うと、二三パーセントが暗黒物質、七三パーセントが暗黒エネルギーという、現時点ではほとんどよくわかっていない仮説上の存在が宇宙を占めていると言われています。しかし、粒子の数で言うと、ニュートリノが他を圧する桁違いの数を誇ります。例えば、一九八七年に大マゼラン星雲において大きな星の超新星爆発が観測されましたが、その際、爆発のエネルギーの九九パーセントはニュートリノに変化して宇宙空間に四散しました。その内、地球上に到達した一一個のニュートリノの観測に成功したのが、ノーベル物理学賞を授与された小柴昌俊博士です。岐阜県の神岡鉱山の地下に作られた観測施設カミオカンデの名前を記憶している方も多いと思います。どうしてニュートリノの観測がノーベル賞に値するほどの意味を持ったかと言うと、ニュートリノから得られた情報が宇宙の成り立ちを知るための大きな手がかりとなったからです。

ここで話を先に進めるためには、「反物質」という概念を導入せねばなりません。現在の素粒子理論によれば、物質は必ず反物質と対になって生成し、さらに物質が対になっている反物質と出会うと膨大なエネルギーに変換されて両方とも完全に消滅するという対称性を備えています。あのダン・ブラウンのシリーズ第一作『天使と悪魔』でも、世界最大規模の素粒子物理学研究所CERNの一所員が作り出したわずか〇・二五グラムの（しかし広島原爆クラスの巨大エネルギーをもつ）反物質の行方をめぐるストーリーとなっていました。実際は、そんなわずかな反物質を作り出すのにも天文学的な時間と費用が必要なので、あくまでもあり得ない想定なのですが、それほどまでにして作り出さねばならないということは、逆に言えば、自然界にはそもそも反物質は存在していないということの証でもあります。

よくよく考えてみると不思議な話です。たとえ四パーセントちょっととはいえ、この宇宙には物質が現に存在しています。しかし、素粒子理論に従う限り、物質が生成する時は必ず反物質と対になって生成するわけですから、それら同数の物質と反物質が出会えば、膨大なエネルギーと引き換えに物質も反物質もこの宇宙からすべて消滅するはずです。ところが、実際には反物質の方は壊滅したにもかかわらず物質は現にちゃんと残存しています。物質と反物質の対称性がどこかで壊れたとしか考えられません。そこで鍵を握るのが、先ほどから登場していたニュートリノです。ニュートリノも他の物質同様に反ニュートリノと一対一の割合で生成しますが、ニュートリノだけが物質と反物質の対を一〇億分の一の割合で反転させるような対称性の破れ目を発生させると言われています。もしそうであるなら、ごくわずかながら物質であるニュートリノだけが残ることが可能になります。そうした対称性の破れ目からこぼれ落ちたニュートリノから星々や銀河が生まれ、この地球の自然も我々も生まれたことになるわけです。

ここでようやく我々のテーマである宇宙の起源の話に繋がります。現在有力な説は、いわゆるビッグバン以前にインフレーションという現象が生起していたという佐藤勝彦博士とアラン・グース博士が提唱した理論です。まず超高密度・高質量のクォークより小さい極小点としての宇宙の存在が前提され、それが一秒も経たずに三ミリメートルほどの大きさに拡張する現象がインフレーションと呼ばれる事態です。元が極小なので、たとえ三ミリとは言え宇宙は一気に広がったわけですが、それがさらにビッグバンによって爆発的に膨張し、現在の宇宙の姿へと繋がっていくことになります（ご存知のように、宇宙は今も絶えず膨張し（いわゆる膨張宇宙説）、しかもその膨張速度はどんどん増しているという観測結果が報告されています）。

では、なぜそのようなインフレーション現象が起こるのでしょうか。前提されたように始まりが極小点だとすると、そこに閉じ込められたエネルギーは限りなく無限大となっていきますが、もし無限大になってしまうとその点は、時間も空間も消滅し物理法則の及ばない「特異点」となってしまいます。インフレーション現象を説明するためには、この特異点を解消できるような数学的な理論だてが求められます（その中身はともかく、一九七〇年にフィールズ賞を受賞した広中平祐氏の「特異点解消」という言葉だけは、なぜか当時世間に流布したことを思い出します）。現在、そうした理論の最右翼とみなされているのが、素粒子を点としてではなく目に見えない「ひも」状のものと考えることによって特異点を解消しようとする「超ひも理論」です。この仮説によれば、素粒子と反素粒子のそれぞれに、さらに超対称性をもつパートナーが想定され、インフレーション直前に誕生した極小宇宙に閉じ込められた非常に重いニュートリノの超対称性パートナーの膨大なエネルギーによってインフレーションが生起したと唱えられます。こうした考えに対して、二〇一八年に亡くなられたS・ホーキング博士もまた独自の特異点解釈を含めた量子重力理論を展開しました。いずれにせよ、ここまで来るともはや雲を掴むような話で、我々素人には、科学理論とは言いながら、想像力を駆使しなければついていけない点ではむしろ神話に近いとさえ思えます。しかし、神話との決定的違いは、たとえどれほど途方もない仮説であっても、先ほど触れた「カミオカンデ」や「スーパーカミオカンデ」のように、日々進歩する観測技術や観測施設によって実証された仮説だけが、その都度暫定的に最も真実に近い理論として検証されていくという科学的な方法論にあることは確かです。

そうなると、宇宙の起源をめぐる解明においては、やはり、ゆくゆくは科学が宗教的神話を駆逐していくことになるのでしょうか。『オリジン』の中で、限りなく進化した人工知能ウィンストンの口を借りて著者はこう語っています。「宇宙学者たちは、過去か未来のある時点――Tにおいて膨張する宇宙を表す美しい数式を考え出しました。けれども、ビッグバンが起こった瞬間――Tがゼロに等しい時点――まで遡ろうとすると、数式はすべて破綻し、無限の熱量と密度をもつ謎の点らしきものがあったとしか表してくれません」と。ラングドンのハーバードでの同僚である謹厳な物理学教授が、〈宇宙の起源〉に関するゼミに出席する哲学専攻の学生たちにうんざりして、ついには教室のドアに、「私の教室内では、Tはゼロより大きい。Tがゼロに等しい時点の研究に関しては宗教学部へ行け」と貼り紙したというエピソードは、いかにもありそうな話で笑えます。

要するに、いかに科学といえども限界があるということ、言い換えれば、Tがゼロに等しい時点で宇宙は謎の点としてなぜかそこにあったのだとしか言いようがないということです。それがいかにしてあるのかをもはや問うことができず、別になくてもよかったものが偶然そこにあった、そう仮定するしか科学にはもはや手の出しようがないわけです。つまり存在する意義のようなものなど欠片もないただの偶然の産物を起源として今日まで連綿と続く宇宙の歴史も我々の存在も、同様に存在する意義などない、別になくてもよいものだということになります。しかし、人間とは不思議なもので、そのような結論にどうしても満足できないところがあるようです。自らの存在になんらかの意義を見出したい人間は、T＝ゼロ時点での宇宙の誕生に何か存在意義を、つまりその背後に絶対者の意志のごときものを見出そうとしたに違いありません。宗教が求められたのもまさにその地点においてなのです。

結　び――偶然か神秘か

生命の誕生に関しても同様の対立が見出されます。一方は、旧約聖書の『創世記』の記述に従い、世界も生き物も人間も、すべては神によって創造されたと主張する立場です。神の像として神に似せて創造されたアダムこそ人類の始祖にして原型だというわけです。他方、ダーウィンの進化論によれば、人間は単細胞生物から連綿と続く進化の過程を経て類人猿から人類に至ったとされます。おそらく日本の大学生に尋ねたなら、ほぼ全員がダーウィニズムの立場をとるでしょう（米国のアーカンソー州やルイジアナ州ならいざ知らず、世界の始まりの時点で人類は既にホモ・サピエンスとして誕生していたと主張する学生は日本では極めて稀だと思います）。こうした傾向は、一見すると、宇宙の起源についての問題と同様に科学の勝利のように見えます。しかし、無機物からの有機体の発現を科学的に検証することは、少なくとも現時点ではできていません。

宇宙の誕生したT＝ゼロ時点に相応する生命の誕生の瞬間を、ダーウィンは「第一原因」と呼んでいました。彼は生物が絶えず進化してきたことを立証しましたが、その進化の過程がどのように始まったかは解明できずに終わりました。一九五〇年代、ハロルド・ユーリーとスタンリー・ミラーは、生命を持たない化学物質の入った試験管の中に、誕生直後の地球の状態を再現した原始スープだけから生命を誕生させる実験を試みました。もちろん成功はしませんでしたが、もしこの実験が成功することなどあり得ないのだとしたら、生命の誕生は、何か偶然の突然変異に依るしかないものだったということになるのでしょうか。生命など別に存在しなくてもよかったのに、なぜこうして現に存在しているのでしょうか。それは偶然か、それとも何者かがそう意志したある種の神秘からなのか。ここでも宇宙誕生の場合と同様の問いが生じます。

イスラーム神秘主義に即した形で井筒俊彦は、T＝ゼロ時点すなわち「最深層部に至れば（中略）意識と存在が同時に無化されてしまって、この人間意識の絶対無がただちに神の意識（中略）神的意識の顕現」となるが、この「無から有へ、つまり人間的意識の無から神的意識の有へのこの突如たる転換（3）」、それこそがあらゆる存在すなわち宇宙の起源であり生命の起源であると述べています。T＝ゼロ時点に決して立つことのできない人間が、そこでの存在や生命の誕生を単なる偶然に帰したりはせずに、人類に驚きと感謝をもたらす神秘として捉え直すところに科学では満たし得ない宗教固有の出立点があるように思います。その意味で、最後は『オリジン』の中でラングドンがうろ覚えのまま引用したニーチェの言葉で本章も締め括りたいと思います。

> われわれがやり遂げたこと〔すなわち、神を殺したこと〕の偉大さは、我々にとって立派すぎるのではないか？　それに見合った分際になるには、われわれがみずから神々になるほかはないのではないか？（4）（〔　〕は筆者の挿入）

註

（1）ダン・ブラウン（越前敏弥訳）『オリジン』上・下、KADOKAWA、二〇一八年。
（2）ヘシオドス（廣川洋一訳）『神統記』岩波文庫、一九八四年、二〇—二一頁。
（3）井筒俊彦『イスラーム哲学の原像』岩波新書、一九八〇年、六六頁。
（4）ニーチェ（村井則夫訳）『喜ばしき知恵』河出文庫、二〇一二年、二一八頁。

6　「神を見る」ということ

――大森正樹著『エネルゲイアと光の神学』を読んで――

紀元四世紀後半、シリア、メソポタミアに「メッサリアノイ」と呼ばれる異端的な宗教的運動体があった。その名は、もともと「祈る人々」という意味のシリア語をそのままギリシア語綴りに置き換えたもので、文献的には三七〇年代にサラミスのエピファニオスの手になる異端論駁の書に初めてその名が現れた。その名の通り、洗礼でも禁欲的修業でもなく、ただひたすら祈りによってのみ、現世における神との感覚的な合一体験すなわち「神を見る」ことができると信じた彼らの運動は、数々の非難論駁の輪をかいくぐり小アジアへと広がっていったが、四三一年のエフェソス公会議においてついに異端として断罪された。しかし、一旦高揚した宗教的熱狂を根絶することは難しく、「メッサリアノイ」という呼び名は、異端派に対する広く一般的な蔑称としてその後も長く用いられた。

さて、それから遙かに時を隔てた一四世紀、ビザンティンはアトス山の修道者の多くが、祈りによって実際に「神を見る」ことができると主張し始めた。当時、西欧的学問を身に着けイタリアからやって来ていたギリシア人バルラアムは、早速彼らを「メッサリアノイ」と呼んで非難したのだが、その告発を受けて修道者たちの側に論陣を張ったのがグレゴリオス・パラマスその人である。この両者の激しい論戦は「ヘシカズム論争」と呼ばれるが、ときに非論理的とさえみえるパラマスの「霊的論理」の真髄を彼の「エネルゲイア論」に見出し、そこからさらに東方キリスト教神学の特徴を描き出そうとしたのが、パラマスに関する本邦初のモノグラフである本書である。砂漠の師父たち以来、綿々と受け継がれてきた東方キリスト教の霊的伝統を集大成したパラマスの偉業は、一三世紀西方における盛期スコラ学の大成者トマス・アクィナスにも及び得るものと言えようが、我が国におけるその認知度の低さを思うとき、本書の意義は一四世紀東方にとどまらず広く中世精神史全体にわたるものと信じる。

ここで少しく個人的懐古をお許し願うなら、前述のメッサリアノイが自らの主張と実践の拠り所としていた手引き書、いわゆる「マカリオス文書」の真の著者であった擬マカリオス（四世紀、シリア、メソポタミアで活躍）翻訳の話をかなり以前にいただいたとき、それまで専らアリストテレス研究に従事していた私にとって、東方世界はまったくの未知の国であった。途方に暮れてばかりもいられず、仕方なく手当たり次第に文献を漁っていくうち、幸運にも本書に収められたいくつかの論文に出会うことができた。大仰な身振りを一切排し、ひたすら冷静に手堅く叙述されたそれらの論考を教科書代わりに読み進むことが、私にとってはそのまま東方世界への胸躍る旅となった。抑制された文体の背後に、著者である大森先生の論理さえも越えていこうとする「霊的論理」の躍動、「光としての神」への全身全霊を賭けた憧憬、さらにはそれら語り得ぬものに向けられた詩人の眼差しとでもいうべきものを感得するまでにさほど時間はかからなかった。それはちょうど私が、本書第三部第三章の標題ともなっている「身体もまた祈る」という一節を、まるで好きな詩のそれであるかのように何度も口にしていた頃であった。

話を元に戻そう。そもそも前述のヘシカズム論争とは、人間にとって接近不可能・把捉不可能な神にいかにして近づき得るか、という神認識の問題をめぐるものであった。言い換えれば、それは「根源的に近づき得ないものへの何らか確証可能な接近可能性（bewährbare Zugänglichkeit des original Unzugänglichen）」(*Husserliana* I, S.144) をめぐる模索でもあった。ここで素人の特権を利用して、本書から学び得た限りでの私なりの思い切った（無謀な？）パラフレーズを試みてみたい。

「近づき得ないもの」とは、「自分に固有な (eigen) ものにすること」(Aneignung) が不可能なもの、すなわち「異他的なもの (das Fremde)」のことである。もちろん「異他的なもの」の空間的含意を「ここ(=私に固有な空間)にないもの」と解すれば、単に移動するだけで固有化は可能であるから、「根源的に近づき得ない」とは、私に固有化可能な一切の空間に存在しない、つまり「世界の内に自らの場をもたない」ということである。こうした根源的な異他性を今仮に「原-異他性」と呼ぶ。言うまでもなく、原-異他性は人間のあらゆる接近を、したがってあらゆる認識を拒む。では、人間はなぜそのような原-異他的な存在すなわち神を求めることができるのだろうか。

ギリシア語訳聖書(セプトゥアギンタ)『創世記』第一章第二六節によれば、人間は本性的に「神の像」であり「神の似姿」である。アダムの堕罪によってその本性が失われたとはいえ、人間の像的性格が原-異他的な神への志向をひとまず可能にはしている。しかし、より重要な契機は、他ならぬ神自身が我々人間の前に現れるという事態、いわゆる「神の顕現(theophanies)」の内にある。これはまさに、世界の内に自らの場をもたない原-異他性が〈今、ここに〉顕現するという、それ自体が矛盾を孕んだ事態である。こうした矛盾に耐え得る論理が果たしてあるのだろうか。それに応えてパラマスは神の本質(ウーシア)と働き(エネルゲイア)を区別する。神の本質はあくまで原-異他性を保持しつつも(したがって絶対に接近不可能でありつつも)、神の創造されざるエネルゲイアの横溢によって被造物たる人間はその恩恵に与ることができる、というのである。神のエネルゲイアがもしパラマスの言うように〈今、ここに〉顕現するのならば、確かに「神を見ること」を退けることはできない。

しかし、バルラアムはそうしたパラマスの二神論的態度をあくまで哲学的・理性的立場から批判する。「神を見る」とは、創造されざる原-異他的な神が、〈今、ここに〉ある被造物として見られることに他ならない。アリストテレス的に言うならば、認識活動によって現実態〔エネルゲイア〕にもたらされるのは、あくまで本質形相としての実体〔ウーシア〕である以上、そこで見られているものは不可視・不可知のウーシアたる神ではなく、単なる可視的被造物に過ぎない。こうした論理構制に立つ限り、原-異他的な神が〈今、ここに〉顕現するという事態を語り得るロゴスはないことになる。なぜなら、「今、ここにある=見えている」と言表化することは、同時に神の原-異他性を世界内の一事物へと固定化することによって原-異他性それ自体を逆に隠蔽することに他ならないからである。こうしてバルラアムは、〈今、ここに〉顕現する限り決して原-異他性ではない、という否定神学的な仕方で神の不可知性を強調することによって、神の原-異他性を確保しようとしたのである。〔これを「顕現せざるものの現象学」と呼んだらハイデガー研究者に叱られるだろうか。〕

では、原-異他性たる神が〈今、ここに〉顕現することは、我々人間には叶わぬ幻なのだろうか。ここでパラマスならば、ギリシア教父以来の霊的伝統に戻っておそらくこう応えるだろう。すなわち、身も心も含めた全体としての〈私〉そのものを、原-異他性たる神がまさに〈今、ここに顕現する場〉へと一挙に転換させること、それがただ神のエネルゲイアによってのみ可能となるのだ、と。その〈時〉のために、我々人間はただひたすら原-異他性の顕現の場となるべく自らを浄化・透明化せんがために繰り返し祈るのみである（祈りはこの時、極めて宗教的な意味での言語行為となるだろう）。しかもその〈時〉が到来したなら、その霊的経験の主体はもはやその当の〈私〉ではあり得ない（なぜなら、原-異他性は被造物たる人間によっては決して固有化されないから）。そこにはただ、恩恵としてもたらされたこの霊的経験を〈霊的に感覚する〉に相応しい〈新しい人〉の誕生、さらには世界の〈新たなる創造〉だけが見出されることであろう。人間が「神を見る」とは、東方キリスト教の霊性における限り、以上のような意味での神との合一、すなわち人間の「神化」なのである。このように東方キリスト教の霊性は勝れて体験的であるが、その体験を導くのは言うまでもなくイエス・キリストの受肉でありタボル山での変容である。それは、絶対に不可視、不可捉な原-異他性が、それにもかかわらず〈今、ここに〉顕現したという揺るがぬ証であったし、また今もそうあり続けているのである。

第Ⅱ部　災禍からの再生に向けて

――リスクを分かち合う倫理――

7　地球化時代の正義とは
――『共生と平和への道』を読んで――

迫り来る闇に抗して

二〇〇五年に聖心女子大学キリスト教文化研究所によって編まれた『共生と平和への道――報復の正義から赦しの正義へ』（春秋社）は、二〇〇〇年から二〇〇三年までの四年間にわたって「正義と公正」というテーマのもと、同研究所でなされた共同研究の実り豊かな報告集であると同時に切迫した問いかけの書でもある。

本書の姉妹編とも言うべき『地球化時代のキリスト教』（春秋社、一九九八年刊）において、既に多様なもののうちにおける共生の道が、一方でグローバリズムの名のもとに日常化しつつある人間の生の画一化に抗いながら、他方で風土・歴史・文化・民族における異他性や多様性を保持しつつ相互に理解し、共存し続けるための方途として我々読者に力強く示唆されていた。それは、多様なものの共生と相互理解のためのプラットフォームたらんとするキリスト教に課せられた使命であるばかりでなく、我々一人ひとりが未来に立てかける希望の階梯でもあった。

しかし、あの二〇〇一年九月一一日以後、「世界は一変した」（同書の序より）。当然、本書の母体となった共同研究にも時代の影が色濃く差したはずである。国内外、規模の大小を問わず、今や全地表を覆いつつある戦乱や災禍、暴力と不正の闇を前にして、それでもなお私たち一人ひとりが「正しく生きようと願うこと」にどれほどの意味があるのか、そもそもそのような正義が人類に可能であるのだろうか、そうした切実な問いに本書の企画そのものが晒され続けたことは想像に難くない。本書に収められた一九編の論文が、それぞれ固有の領域、固有の論点をもちながら、なお論集としての一貫した構えのようなものを共有し得たのは、ひとえにこうした事情によるものであったろう。

もちろん、九・一一以前にも世界に戦火の絶えることはなかった。二つの悲惨な世界大戦を経験し、強制収容所や原爆の悪夢を二度と繰り返すまいとした二十世紀も、九〇年代に入り「冷戦の時代」の終焉を迎える頃になると、東西両陣営の代理戦争化した観のあった地域紛争にその後も手を焼く「内戦の時代」へと移行していった。カンボジア、エルサルバドル、モザンビーク、アンゴラ、アフガニスタン、ソマリア、そしてボスニアと相次ぐ地域紛争は、各地域に深刻な人道的危機をもたらしたばかりでなく、そのような危機を解決すべく乗り出した先進諸国の人道的介入が、意図せぬ形で新たな紛争の火種となり、第三者として介入していたはずがいつの間にか当事者国として内戦に巻き込まれてしまうという泥沼化に向かっていた。いわば「内戦のグローバル化」の始まりである。その後、さらに九・一一の同時多発テロを経て、アメリカおよび同盟諸国による対テロ報復戦争が始まってからは、ロンドン市街がある日突然戦場と化すような、剥き出しの暴力の日常化があらゆるレベルで加速度的に進行していったのである。〔二十年近く前にこの原稿を書いた時のこうした悲観的な所感は、悲しいことに、プーチン大統領によるロシア軍の一方的なウクライナ侵略を目の当たりにしている二〇二二年現在、ますます募るばかりである〕。こうした迫り来る闇に抗して、我々が掲げることのできるかすかな灯があるとすれば、それこそ「正義」に根ざした何ものかであるはずだろう。

復讐せよ、されど心は汚すな

本書の副題「報復の正義から赦しの正義へ」を見て、すぐ思い起こしたのが実はハムレットである。とりわけ世界的な演出家P・ブルックがハムレットに見出そうとした崇高な悲劇性が、現在の我々の行き詰った状況に重なるように思えてならないのである。ではハムレットの崇高な悲劇性とは何か。その鍵を彼は第一幕第五場の亡霊の言葉に託す。亡霊は自らの殺人者に対してあらん限りの罵りと呪いの言葉を浴びせかける一方で、息子ハムレットにはその復讐を一方的に誓わせる。しかし、その後で「卑劣なふるまいに心を汚すな」と謎めいた言葉を付加する。要するに亡霊の命令は、「復讐せよ、されど心は汚すな」ということになる。

この命令にはさしあたり二通りの対応が可能である。まず第一の対応。ここで復讐とは、残虐不正な仕方で父を殺害した者に、神に代わって制裁を加えることであり、それは正義の殺人であるゆえに、復讐者は心を汚すことがない、というもの。対テロ報復戦争は正義の戦争であり聖戦であるとする立場に通底する対応である。他方、第二の対応はハムレットが取ったもの。すなわち、復讐といえども殺人であり、いかなる論理をもってしても自らの心を汚さずにはいられないはずだ。なんとしても殺すことはできない。しかし、そのように逡巡して復讐をためらうことは、直ちに殺人者の非道な行為を隠蔽し、黙認してしまうことになるだろう。ならば残忍非道な悪行を野放しにして、なお心を清く保つこともまた不可能である。したがって、復讐にコミットしつつ心を汚すべきか汚すべきにあらずか（to be or not to be）の二者択一の問いは、いずれにせよ、必ずや心を汚し、自らを滅ぼすことにならざるを得ない。

こうしたハムレットの立場とは、できるならばいつまでも二者択一へのコミットメントを保留し、中立地帯に自らを宙吊りにし続けようというものである。しかし、復讐へのコミットメントにそうした中立地帯など実はないのだ。同様に、テロの残虐非道な暴力性を非難しながら、同時に対テロ報復戦争それ自体がテロと同質の暴力であることを非難し続けることが可能な中立地帯など本当はないに等しい。なぜなら、そうした良心的優柔不断こそがテロと対テロ戦争の不毛な循環を黙認し、ひいては加速させている張本人だからである。

ならば、私たちには第一の対応、すなわちホワイトハウスからのアンチ・ハムレットの号令に従うしかないのだろうか。そもそも正義の戦争とは何だろうか。それはどんな論理を用いようと、そこに殺害しても法的罪に問われない（つまり合法な）存在を措定し、なおかつその存在の死をその戦争の犠牲者としても認める必要のない、そういう純粋に殺害可能な対象を設定してしまうことに他ならない。

G・アガンベンが主題的に取り上げる「聖なる人間（ホモ・サケル）」とはまさにそうした剥き出しの暴力に晒された存在である。人間の法も神の法も効力の及ばない領域で剥き出しの形で放置された暴力に否応なしにコミットせざるを得ない時代に私たちは生きているのかもしれない。しかし、P・ブルックが描き出そうとしたハムレットの悲劇とは、決してこのような時代に生きていることそのことの悲劇ではなかったはずだ。むしろこのような時代であるからこそ、中立地帯での偽りの無垢に別れを告げ、自ら汚れを引き受ける覚悟の上でなお「心を汚すことのない」仕方での暴力への対処を模索し続けたハムレットの、生涯報われることのない逡巡そのものに、彼は悲劇的なまでの崇高さを見出したに違いない。

しかし、報復の正義の限界にまで達しながらそこで逡巡するしかなかったハムレットに(そして我々に)、もし赦しの正義が見出され得たとすれば、それは何にも勝る救いとなったのではないだろうか。

赦しと共生に向けて

では、自らに何の原因もない罪の犠牲となって深く心身に傷を負った者たちの赦しを可能とするものは一体何であろうか。戦禍に巻き込まれ命を落とした幼子を生き残った者たちは一体どう遇すればよいのか。今こそ、死者を悼み、生者を赦す宗教の意味が再び大きく問い直されるべきである。さらに、キリスト教圏とイスラーム圏の対立、国内的には靖国問題、ここでもまた宗教というありようの再考が強く促されている。宗教とは一体何か。とりわけ我々日本人にとっての宗教性とはいかなるものであったのか、また今後どうあるべきなのか。こうした根本問題に対し、本書は非宗教的とも言い得る地点からの多様で周到なアプローチによって、かえって宗教的な位相の解明に寄与しているように思われる。

では、地球化時代の宗教はいかにあるべきか。現在に至るまで力による制圧が何ら平和への糸口となりえないことを露呈し続けているイラク情勢。他方、日・中・韓・北朝鮮をめぐって再び不気味に軋み始めている東アジア情勢、とりわけ私たち日本人にとって、かつてアメリカに向けられていたような大きな憎悪の波が、固有の歴史背景を巻き込みつつ、反日感情として私たちに向けられている昨今の状況。こうした地球規模で拡がりつつある憎悪と暴力のどす黒い渦からいかにして「共生と平和への道」を見出し得るか、いかにして人類は報復や怨恨の連鎖から、義にかなった愛ある「赦し」へと向き変わり得るのか、そういった根本的な問いが、今まさに抜き差しならない形で私たちに突きつけられている。

本書所収の諸論考は、そうした人類規模の問題に対し、拙速に答えを求めようとはせずに、むしろ事の根源に立ち還り、人類が共有し合うべき多様な理念と実践の多層的な考察を地道に重ね続けた成果である。そこでは論者一人ひとりが困難な現実に向き合い、各自の専門領域から幾筋もの糸をヒントとして紡ぎ出してくれている。願わくば、それらが未来への微かな一筋の光として読者によって織り上げられることを、本書執筆陣と共に祈りたい。

8　九・一一以降のハムレット

都市近郊に住んでいて、得したな、と思えることがほんの少しある。世界中の演劇を居ながらにして楽しめることもその一つだ。たとえば、二〇〇一年から二〇〇二年にかけて、ほんの一年ちょっとの間に、ピーター・ブルック、蜷川幸雄、ペーター・シュタインという巨匠たちの演出する『ハムレット』を観比べることができたし、ついでにシェークスピアもので付け加えれば、クラウス・パイマン率いるベルリナー・アンサンブルの『リチャード二世』をシュタインの『ハムレット』の翌日に観るという贅沢さえ、いとも簡単に実現できた。これもグローバリズムの恩恵の一つと言えば言えなくもないが、テロリズムというその負の側面へと現代演劇が関わらざるを得なくなってきたこともまた事実である。こうしたテロの時代にあって、演出家たちは果たしていかなるハムレット像を立ち上げたのだろうか。

削除されたフォーティンブラス

二〇〇一年六月、世田谷パブリックシアターにかけられたP・ブルックの『ハムレット』は、彼の活動拠点であるパリのブッフ・デュ・ノール劇場で好評を博した『ハムレットの悲劇』の日本公演版である。その明確な特徴は、テクストであるシェークスピア戯曲の大胆な削除にある。ノースロップ・フライによれば、(1)「『ハムレット』は三重の円からなる復讐劇」である。まず中心にハムレットによって父ポローニアスを殺され、妹オフィーリアを狂死させられたレイアティーズの復讐劇、その外側にこの劇の本筋である、父＝先王ハムレットを謀殺したその弟のクローディアスへの王子ハムレットの復讐劇、そして一番外周に、デンマークの先の王との決闘によってノルウェー先王であった父を奪われた王子フォーティンブラスのデンマークへの復讐劇、以上三つの復讐劇が同心円構造をとっているというわけだ。

P・ブルックはこの三つの円の内、一番外側の円つまりフォーティンブラスの復讐劇を完全に削除してしまった。その理由を彼は「この作品を悲劇にしたかったからだ」と語っているが、そこにはギリシア悲劇のようにごく少人数の人間同士の関わり合いこそが悲劇を織りなしていく、という彼の強い信念がうかがわれる。しかし、周知のように、ギリシア悲劇とは、アリストテレスの定義によれば、役者によって演じられる崇高な行為の再現（ミーメーシス）であり、憐れみと恐れを介して感情的な浄化（カタルシス）をもたらすものであった。では一体、『ハムレット』の核心部分にそのような悲劇的浄化力のようなものがあるのだろうか。

N・フライは極めて否定的である。復讐、背信、「挫折によって去勢された行動力」、そういったものによって英雄的崇高さはすっかり影を潜めてしまったというのだ。これに対してキルケゴールならきっと、「そもそもこれを復讐劇とみるから間違えるんだ」とでも言い返すだろう。確かに『ハムレット』を単なる「仇討ちもの」とみなすなら、これほどスカッとしない劇も珍しい。いずれにせよ、P・ブルック演出を理解するカギが、ひとえにハムレットの行為の崇高性にかかってくることだけは間違いない。この点は最後に触れたい。

フォーティンブラスと機関銃

二〇〇一年九月一一日、もはや歴史的日付となったこの日から時を措かずして彩の国さいたま芸術劇場にかけられた蜷川幸雄の『ハムレット』は、その衝撃を否応なしに受け止めざるを得なかった。内側二つの円に示された二つの復讐が極めて後味悪く成就し、その当事者がみな死んでしまった後、一番外側の復讐劇の主人公、つまりP・ブルックに完全に無視されていたフォーティンブラスが入城してくる最終場面（第五幕第二場）、ここでなんと蜷川はフォーティンブラスを暴走族のリーダーに仕立て上げ、オートバイ（もちろん実物）で乗り込ませたうえ、もはや軍隊化したその仲間によってホレイショーを始め宮廷の者たちを機関銃で皆殺しにさせたのだ。大音響のロックのビートとエンジン音、間断なく聞こえる銃音がフォーティンブラスの何事か叫ぶ声をかき消し、排気ガスと火薬の臭いだけが暗転してなお強く鼻をつく、いかにも蜷川らしいエンディングだ。

暗闇の中、轟音の残響ときな臭い空気から、観客たちがつい数日前の九・一一ニューヨークを連想したことは言うまでもない。しかし、当然こうしたあざとい演出に非難もわき起こった。とりわけ、この演出アイデアが既に一九八八年にイングマール・ベルイマンによってより戦略的に先取りされていたという論点は重要視されてよい（ちなみにこの公演は、その年に開場したばかりの東京グローブ座で催された。そのグローブ座も今はなく、ジャニーズいう名のフォーティンブラスに明け渡された）。

それにしてもベルイマンの予言者的想像力は今さらながらに恐ろしいほどだ。フォーティンブラスの軍が機関銃を乱射し皆殺しするシーンを同じ舞台上でテレビ局のカメラマンが逐一撮影し、女性レポーターがマイク片手に追い続けるという演出を、今からはるか三十数年前に『ハムレット』に取り入れてしまったのだから。それに較べると、蜷川の二〇〇一年の演出は、いくら窮余の策とはいえ、二番煎じの感は否めない。

しかし、蜷川の名誉のために申し添えれば、この最終場面、フォーティンブラス入城のシーンは、蜷川『ハムレット』が一九七八年に初演されて以来、八八年、九五年、九八年と再演されるごとに、現実に際限なく繰り返されていた権力闘争、さらに世代間闘争の比喩として極めて重要な位置を占めてきた。とりわけ九五年の第三バージョンでは、黒旗を掲げたアナーキーな少年集団を登場させており、今回の第四バージョンとの連続性は明らかである。したがって、九・一一の衝撃を受けて蜷川が選んだ演出が、たとえ「機関銃で皆殺し」の結末であっても、そこにベルイマンの焼き直しを見るべきではなく、むしろ従来の蜷川プランの延長とみなすべきだろう。しかし、ここにこそ蜷川の〈古さ〉があるのかもしれない。なぜなら、権力闘争、世代間闘争などという単純な図式では、もはや現実も『ハムレット』も語り得ない時代に我々は立ち会っているからである。

ミュージシャン・ハムレット

九・一一からほぼ一年たった二〇〇二年九月、新国立劇場にかけられたペーター・シュタインの『ハムレット』は、テロを根絶すべく立ち上がる〈正義〉が新たなテロを生み出すそれ自体暴力的な装置となりかねない、という今や世界に共有されつつある懸念を背景化することによって、復讐という行為の前で逡巡するハムレット像に新たな可能性を見出そうとする。なんとシュタインはハムレットをミュージシャンに仕立てたのだ。

シェークスピアのテクストでもハムレットが笛を手にするシーンは確かにある（第三幕第二場）。といっても多分リコーダーのような類で、しかもちゃんとした曲を演奏するなどとは書かれていない。ところが、シュタインはハムレットにアルト・サックスを持たせ、ジャズプレイヤーさながらの名演奏を奏でさせる。ついでに言えば、ローゼンクランツとギルデンスターンはエレキギターを抱えたハムレットのバンド仲間だし、オフィーリアも狂乱場面ではエレキギターで弾き語りを披露する。『ハムレット』にとって〈狂気〉は、この作品を構成する本質的要素の一つであるが、シュタインによってハムレットやオフィーリアの狂気はほぼ正確に音楽によって書き換えられていくのだ。しかし、音楽でしか表現できない〈狂気〉とは何だろうか。ここでシュタイン版『ハムレット』によって喚起された私なりのアイデアを一つの寓話にしてみよう。

父親たちの世代が言葉と行為によって紡ぎ上げた巨大な権力構造という糸山には、いくつもの〈ほつれ〉があった。そこで息子たちの世代はこの〈ほつれ〉の解消を強制的に命じられた。ちょうど亡霊から復讐を強要されたハムレットのように。ところが困った問題は、息子たちにとって、この糸山は〈ほつれ〉もろとも、もはや彼らの生の現場に他ならなかった、という事実だ。つまり〈ほつれ〉とは、それを解消することが自らの生をも失いかねないほど既に息子たちの生きる基盤となった生＝権力構造の一部だったのである。こんなパラドクシカルな現実を前にして、息子たちは音楽へと逃避し、音楽の響きの中に自らを宙づりにするしかなかった。言葉や行為と対比するとき、音楽はただひたすらに受動的である。息子たちは、父親たちが言葉と行為によって能動的に構築した矛盾を抱え込んだままの現実を前にして、しかも矛盾を即座に解消しろと命じられながらも、音楽という受動性のただ中でやみくもに無為に時が過ぎるのを待つのだ。大人たちがそれを〈狂気〉として糾弾しようが、精神的な〈自殺〉として排除しようが、若者たちはまるで音楽に酔ったような表情で、大音量の音楽から微弱なビートを拾い出しては少しずつ共鳴し合い、本当に緩やかだが〈連帯〉めいたふるまいに共振していく日を心のどこかで夢見ながら。

もちろんこんなヤワな夢物語がいつまでも続くわけはない。オフィーリアは本当に狂死してしまうし、ハムレットは大人としてしっかり落とし前をつけて死んでいく。お望みなら、そこに悲劇を読み取ることだってできよう。しかし、P・シュタインが世界中の若者に向けて敢えて音楽で表現しようとしたことは、そんなセンチメンタリズムのお膳立てなどではなかったはずだ。誤解を恐れずに言うなら、こんなことかもしれない。若者たちよ、音楽に身を任せて限りなく退行せよ。理性によって開拓された普遍性と必然性が支配する都市空間から、母の胎内にも似た土着的で個性的な神話空間へとひたすら退行せよ。デカルトのコギトとはまったく逆方向へのこのいわば「方法的退行」によって、仮想的グローバリズムに今まさに翻弄されようとしている若者たちを各自のローカルな拠点、すなわち自らの身体と生まれ育った文化的土壌に連れ戻そうという試み、それがシュタインの奏でる『ハムレット』から聴き取れるような気がするのだ。

舞台を汚せ！

まったく個性の異なるこれら三つの舞台に共通するのも、実はこうした多様なローカリズムの主張である。たとえば舞台装置。いずれも古典的な模倣（ミーメーシス）性を脱した抽象的・幾何学的な舞台を設えながらも、その冷たく硬質な普遍的空間に歴史性や身体性をなんとか取り戻そうとする工夫がなされている。

P・ブルックの舞台は四角いカーペットが敷かれた上に座布団が四つほど並べ置かれただけの簡素なもの。本拠であるブッフ・デュ・ノール劇場では、由緒あるその劇場の壁肌一つ一つに染み込んだ歴史がほとんどの舞台装置を不要にする、と誇らしげに語るブルックだが（その効果は二〇〇二年にNHK教育放送で放映されたパリ版『ハムレット』で既に実証済み）、東京公演では、劇場の壁の代わりに音楽担当の土取利行がそのまま舞台上に多様な楽器と共に据え置かれていた。フリージャズのドラマーから出発しながら、世界中の土着音楽に惹かれ、インドや中国の古楽器と共に銅鐸や縄文鼓をまさぐり叩く仙人のような土取の存在そのものが、ガランとした舞台に身体性や歴史性を一挙に呼び戻すのだから不思議だ。

蜷川の舞台装置も、極めて抽象的でありながら同時に象徴的な硬質空間であるが、視覚や聴覚、それ以上に臭覚に直接飛び込んでくる暴力的な質感に圧倒される。排気ガスや火薬の臭いが舞台の上でいかに雄弁か、蜷川は思い知らせてくれる。他方P・シュタインは、ロープを張っていないボクシング・リングのような舞台を四方の客席から眺めるという、格闘技会場かと見紛うばかりの舞台を作り上げたが、何より驚かされたのは、第五幕第一場の例の墓掘りの場面で、舞台の蓋を上げ、その下から土や砂を本当に掘り始めたことである。掘り出された土砂は舞台の上に無造作に放り上げられ、運よく最前列の席にいた私の足下にも砂粒が飛んでくるほどだった。

たまたまシュタインの舞台と同時期に公演されていたクラウス・パイマンの『リチャード二世』においても、大きな白い衝立のような幾何学的な舞台装置に、空き缶や泥が投げつけられ、それをさらに水道の蛇口につながれたホースから勢いよく水を噴射させることによって洗い落とすという、ほとんどどろんこ遊び的な状況が開放感をもって繰り広げられた。言うまでもなくこの手の演出は蜷川の独壇場で、彼は舞台の天井からボウリングのボールほどの岩を無数に落下させ、一挙に荒野を出現させたこともあった（『リア王』）。

土や水といったエレメンタルな〈もの〉のもつ根源的で呪術的な力は、なぜか私たちを昂揚させ、文字通り血湧き肉踊らせる。脱模倣化した舞台芸術が、頭でっかちに仮想空間化していく傾向に歯止めをかけるためには、もはや舞台を聖域化せず、どんどん汚していくしかなかったのかもしれない。しかし、シェークスピア自身の言葉（「世界はすべて舞台だ」"All the world's a stage"『お気に召すまま』）を待つまでもなく、この世界自体が一つの舞台であり劇場なのだとすれば、演じられるべき芝居は既にしてこの「世界劇場」を抜きにしてはあり得ないのではないか。だとしたら舞台はもうとっくに汚れちまってる。なぜって、ひょっとすると九・一一以降、舞台は私たち観客と役者の想像力によって、常に血塗られ腐臭ただよう瓦礫の中に据え置かれているかもしれないからだ。ではそんな中で私たちには一体どんなハムレット像が残されているのだろうか。

復讐せよ、されど心は汚すな

冒頭で触れたように、P・ブルックがハムレットに見出そうとする崇高な悲劇性とは、もしそれがあるとするなら、一体どこにあるというのだろうか。その鍵を彼は第一幕第五場の亡霊の言葉に託す。亡霊は自らの殺人者に対してあらん限りの罵りと呪いの言葉を浴びせかける一方で、息子ハムレットにはその復讐を一方的に誓わせる。しかし、その後で「いかなる手段を取ろうとも、心は汚すな」と謎めいた言葉を付加する。要するに亡霊の命令は、復讐せよ、されど心は汚すな、ということになる。

この命令にはさしあたり二通りの対応が可能である。まず第一の対応。ここで復讐とは、残虐不正な仕方で父を殺害した者に、神に代わって制裁を加えることであり、正義の殺人であるゆえに、復讐者は心を汚すことがない、というもの。対テロ戦争は正義の戦争であり聖戦であるとする立場に通底する対応である。他方、第二の対応はハムレットが取ったもの。すなわち、復讐といえども殺人であり、いかなる論理をもってしても自らの心を汚さずにはいられないはずだ。なんとしても殺すことはできない。しかし、そのように逡巡して復讐をためらうことは、直ちに殺人者の非道な行為を隠蔽し、黙認してしまうことになるだろう。ならば残忍非道な悪行を野放しにして、なお心を清く保つこともまた不可能である。したがって、復讐にコミットしつつ心を汚すべきか汚すべきにあらずか（to be or not to be）の二者択一の問いは、いずれにせよ、必ずや心を汚し、自らを滅ぼすことにならざるを得ない。

第二の対応、すなわちハムレットの立場は、P・シュタインのミュージシャン・ハムレットにその典型を見出せるように、できるならばいつまでも二者択一へのコミットを保留し、中立地帯に自らを宙吊りにし続けようというものである。しかし、復讐へのコミットメントにそうした中立地帯、ニュートラル・コーナーなど実はないのだ。同様に、テロの残虐非道な暴力性を非難しながら、同時に対テロ報復戦争それ自体がテロと同質の暴力であることを非難し続けることが可能な中立地帯など本当はないに等しい。なぜなら、そうした良心的優柔不断こそがテロと対テロ戦争の不毛な循環を黙認し、ひいては加速させている張本人だからである。

ならば、私たちには第一の対応、すなわちホワイトハウスからのアンチ・ハムレットの号令に従うしかないのだろうか。そもそも正義の戦争とは何だろうか（九・一一後、アメリカ知識人が連名でネット上に起草した"What we're fighting for"にその論理がグロテスクなほど明瞭に記述されている。F・フクヤマやハンチントンの名がそこに見出されるのは当然として、あの「市民的不服従」のマイケル・ウォルツァーの名が連なっているのは少なからずショックだった）。それはどんな論理を用いようと、そこに殺害しても法的罪に問われない（つまり合法な）存在を措定し、なおかつその存在の死をその戦争の犠牲者としても認める必要のない、そういう純粋に殺害可能な対象を設定してしまうことに他ならない。

ジョルジョ・アガンベンが主題的に取り上げる「聖なる人間（ホモ・サケル）」とはまさにそうした剥き出しの暴力に晒された存在である。人間の法も神の法も効力の及ばない領域で剥き出しの形で放置された暴力に否応なしにコミットせざるを得ない時代に私たちは生きているのかもしれない。しかし、P・ブルックが描き出そうとしたハムレットの悲劇とは、決してこのような時代に生きていることとそのことの悲劇ではなかったはずだ。むしろこのような時代であるからこそ、中立地帯での偽りの無垢に別れを告げ、自ら汚れを引き受ける覚悟の上でなお「心を汚すことのない」暴力への対処を模索し続けたハムレットの、生涯報われることのない逡巡そのものに、彼は悲劇的なまでの崇高さを見出したに違いない。

劇中、ハムレットは旅役者がヘカベを思って涙する演技を見て感動する。しかし、カール・シュミットの炯眼によれば、シェークスピアと同時代の観客は、ヘカベならぬメアリ・ステュアートとその息子ジェイムズを思って涙するのだ、という。では、九・一一以後、血塗られた瓦礫に囲まれたこの世界劇場で、私たちは一体何を思って涙するのだろうか。

註

（1）ノースロップ・フライ（石原・市川・林訳）『シェークスピアを読む――ノースロップ・フライのシェイクスピア講義』三修社、二〇〇一年。

9　映画『沈黙』を観て

遠藤周作の小説『沈黙』(1)が二〇一六年に巨匠マーティン・スコセッシによって映画化された。遠藤版『沈黙』にほぼ忠実に、余計な演出や思い入れを排し淡々と描かれたスコセッシ版『沈黙』は、二時間半を超える濃密で静謐な映像の流れの中でズシリと重い問いが胸の奥に刻み込まれるような力作であった。その日のうちに、学生時代に読んだ文庫本を引っ張り出して一気に読み返し、若い頃とはまた一味違った読後感を楽しむこともできた。実はこの映画とは無関係に、ある研究調査の一環として長崎の教会群を訪れる機会があった。そのうちの一つである外海《そとめ》地区は、遠藤周作が『沈黙』執筆の準備のために取材に訪れ、その構想を得た地でもあり、角力《すもう》灘に面した風光明媚な海岸沿いに立派な遠藤周作文学館も建てられていた。その地には明治初期に大野教会や出津教会が建てられ、私の訪問の目的もそれらを見学し、教会守の方のお話を聞くことにあったが、言うまでもなく当地は、キリシタン迫害の時代には『沈黙』の舞台の一つでもあったのである。

『沈黙』の背景としてのキリシタン史

ここでまず、我が国のキリシタン史を簡単に振り返ってみたい。周知のように、それは一五四九年八月にフランシスコ・ザビエルが鹿児島に上陸し、日本でキリスト教を布教し始めたところから始まるが、なぜ彼が遠い極東の地にわざわざ布教に訪れたのか、その背景を知るためには、さらに十数年遡る必要がある。当時、インド南西海岸のゴアを東アジアでの布教の拠点としていたイエズス会は、バスク地方出身のザビエルが同郷の盟友イグナティウス・デ・ロヨラや他の仲間数名と共に一五三四年に結成したものであり、はじめはローマ教会内の小さな宗教改革運動体であった。ローマ・カトリック内部からこうした改革運動が起こらざるを得なかった理由は、言うまでもなくルターやカルヴァンによって導かれた宗教改革の隆盛であり、彼らのプロテスタンティズムに抗するために、カトリックの地盤が強固なバスク出身のザビエルらが独自の理念と行動綱領の下、あくまでカトリシズムの内から革新の旗を掲げたわけである。時あたかも大航海時代のさなか、東方世界との通商経路の一方をオスマン・トルコに押さえられたスペイン・ポルトガル両カトリック王国にとって（そしてローマ教皇の支援の下、ポルトガル国王によって派遣されたザビエルたちにとっても）、東方世界への途は、レコンキスタ（イスラム勢力からの国土回復運動）終結後のイベリア半島からジブラルタル海峡を抜け大西洋へと打って出る海の途しかなかった。たとえいかなる地の果て、未知の異境であろうともキリストの福音を宣べ伝えようという彼らの強い使命感は、そうした新時代にあってなお旧態依然とした教会体制に固執するローマ・カトリック教会に対する深い危機感に拠ってもいたのであろう。

『沈黙』では、イエスを売ったユダのごとくやがて自らを裏切ることになる日本人キチジロー（映画では窪塚洋介が好演）と主人公のロドリゴが初めて出会った地はマカオだったが、ザビエルの場合、日本への手引き役となったアンジロー（あるいは「ヤジロウ」とも伝えられる）と出会ったのはマラッカであった。遠藤が虚構のうちに描き出した「日本人のユダ」キチジローとは対照的に、史実の伝えるアンジローは、確かに最初は鹿児島で殺人事件を犯し国外に逃亡したいわくつきの身の上ながらも、自らの罪を悔い、ザビエルに出会って後にゴアの聖パウロ学院で学び始めてからは、本来の優れた素質を遺憾なく発揮し、またたく間にポルトガル語を習得し、ゴアの司教より洗礼を授かるばかりか、イエズス会独自の霊的修行である「霊操」（exercitia spiritualia）をも実践するに至ったほどである。しかし、アンジローの例はともかく、ザビエルの来日からわずか四〇年近くの間に日本における信徒数が三〇万人を越えるまでに至った、この爆発的と言ってもよいほどの布教の広まりには、当然それなりの理由があったはずである。それは一体何だったのだろうか。

一つは、ザビエルたちが来日した当時の日本の状況、すなわち戦国時代の末期、室町幕府の権勢は地に落ち、戦国大名たちが各地に跋扈する泥沼の内乱下、多くの民が飢え苦しみ、ひたすら救済が求められたにもかかわらず、平安期からの既成仏教の無力さだけが露わになる、そんな状況が理由として挙げられるだろう。それは、法然・親鸞によって導かれた鎌倉新仏教の隆盛や一向一揆のような民衆運動を引き起こしたが、同じく改革の機運に燃え隣人愛の教えに基づいた慈悲・救済の実践に献身的に取り組んだイエズス会（後にフランシスコ会も加わる）宣教師たちへの共感をも引き起こしたに違いない。

もう一つの理由としては、宣教を民衆にとって真に意義あるものとするためには教育と社会福祉がまずもって必要であるという彼らの布教理念が挙げられる。まず教育においては、西欧文化を学問教育を通して伝えることを意図して、一般民衆への教育がほとんどなされていなかった十六世紀日本に、ヨーロッパの学知、とりわけ科学知識、哲学、人文主義を体系的に教育する施設が整えられた。初等教育としては、キリシタン子弟に読み書き、音楽、作法、さらにはローマ字教育までもがなされたようである。ザビエル来日後、わずか三十年余でそのような教会学校が全国で二百校もできたというから驚きである。その後、巡察師アレッサンドロ・ヴァリニャーノは、日本人司祭を養成するための高等教育機関、すなわち人文課程を修めるセミナリヨ、哲学・神学課程のためのコレジヨ、イエズス会士養成のノヴィシアードの設立を進めた。次いで彼らが精力的に行ったのが、生活困窮者や相次ぐ戦乱の犠牲者、孤児・老衰者・重病人らへの救済活動である。とりわけイエズス会やフランシスコ会宣教師たちによる「癩者」への救済活動は、我が国の救癩運動史において特筆すべきことであった。もちろん、こうした充実した教育・社会福祉活動が彼ら

宣教師に可能であったのは、大友宗麟、大内義隆、大村純忠、有馬晴信、小西行長、高山右近、内藤如安らキリシタン大名による熱烈な支援があってこその話である。

こうした順調な布教活動を象徴するような出来事が、一五八二年の天正遣欧使節の派遣である。教皇謁見のために遠くローマまで赴いた四人の少年使節は、現地で熱烈な歓迎を受けたと伝えられる。ヨーロッパではプロテスタントの勢いに押され旗色のよくなかったローマ教皇陣営にとって、極東からの篤実なカトリック信者の来訪は、この上ない勢力誇示の材料となったに違いない。しかし、八年後にようやく帰国の途についた彼ら少年使節を迎えた母国の状況は一変していた。

豊臣秀吉による伴天連追放令が一五八七年に出され、一五九七年には外国人宣教師や信徒奉仕者、さらにはまだあどけない少年ら二六名のキリシタンが長崎の西坂で処刑されるという「二十六聖人の殉教」が引き起こされた。やがて徳川家康・秀忠親子による一六一四年の禁教令布告を経て、キリシタンにとっては長い冬の時代が始まる。とりわけ、一六三七年の島原の乱（キリシタン農民たちの一揆）以降、キリシタンへの迫害・弾圧は容赦のないものとなっていく。『沈黙』はまさにこの頃、地区長《スペリオ》の重責を担い信徒からの信望も厚いイエズス会士クリストヴァン・フェレイラ司祭が厳しい拷問を受け棄教を誓ったという報告の真偽を確かめるべく日本に向かう三人の司祭を追いかけるようにして始まるのである。

神の沈黙

大きな災害や悲惨な戦争が何もかもを奪い去り、人々の心に癒しようのないほど深い傷跡を残していった後には、必ずと言っていいほど「これほど巨大な害悪をなぜ神は見過ごしになさるのか」「神がもし存在するなら、なぜ、こんな酷いことが起こるのか」といった怨嗟の声が巷に渦巻くものである。二〇一一年の東日本大震災の後に書かれたおびただしい書物のうちの或る一冊も、小説という虚構を借りてその被災者とおぼしき死者にこう叫ばせている。「これは誰かの呪いですか？　だったら俺はそいつを呪い返してやりたい。相手は神様ですか？　神様だとしても俺は勝手なことをやってんじゃねえと首を絞め、（中略）、誰の目からも敬意が消えるくらいに手足をばたばたさせるそいつを息絶えない程度に苦しめ膝で蹴りながら山の頂上へ上がっていき、そこから町を見せてお前になんの権限があってこんなことをしたんだと」問い詰め、自分のしたことの結果から目を逸らすことができないようにしてやりたい、と（いとうせいこう『想像ラジオ』より）(2)。しかし、実はこの男もまた、妻子の悲惨な境遇を思えば本当に責められるべきは自分だという思いに苛まれ、負い目をおったまま不本意に生を奪われた一人なのである。この小説が描くように、行き場のない憤りや悲しみを抱いたまま、死んでも死にきれずに「この世に留まりし魂魄」が被災地に満ち溢れているとしたなら、彼ら死者の声を私たち生者はどうやって聞き取ればよいのであろうか。

そもそも死者の声を聞き取ることなど、私たち生者に可能なものなのだろうか。無念のうちに命を奪われた者の思いがよくわかるとか、その声を聞き取ることができるなどという思い込みは、所詮、生者の傲慢なひとりよがりに過ぎないのではないか。そうした煩悶を抱え込みながらも、この小説家は、愛する人に先立たれた一人の男の口を借りてこう書いている。

「生き残った人の想い出もまた、死者がいなければ成立しない。だって誰も亡くなっていなければ、あの人が今生きていればなんて思わないわけで。つまり生者と死者は持ちつ持たれつなんだよ。決して一方的な関係じゃない。どちらかがあるんじゃなくて、ふたつでひとつなんだ。」「えっと、例えばあなたとわたしもってこと?」「そうそう、ふたつでひとつ。だから生きている僕は亡くなった君のことをしじゅう思いながら人生を送っていくし、亡くなっている君は生きている僕からの呼びかけをもとに存在して、僕を通して考える。そして一緒に未来を作る。」

ここには、近しい仲の男女の対話のようでいて、実は生者が死者に呼びかけ、その応答の声を聞き取ろうとして繰り返される自己対話の試みがある。それはまた、自分の前に決して二度と顕現することのない不在の死者を、既に過ぎ去ったものとして切り捨てるのではなく、(たとえそれがまったく聞こえないとしても!) その声にじっくりと耳を傾けることで生者自身の孤立した生を不在の死者との共生へと境目なく流動させていこうとする不断の意志であり、通時的公共性＝自己の抜き(Öffentlichkeit)に己の一切を委ねることさえ辞さない潔さでもあるだろう。

アウシュヴィッツにあってもまた、過酷な現実を前に、いっこうに現れない神に絶望していった人は決して少なくなかったであろう。彼らにとって、危機にあってなお顕現せざる神は、この世界にもはや存在する場をもたない死したる神、不在の神であったに違いない。そうした中にあって、オランダのユダヤ人女性エティ・ヒレスムは、自らが探し求め、発見した「自分自身の神」との対話を、一九四三年にアウシュヴィッツで虐殺されるまで書き続けた日記という形で私たちに残してくれた。そこには、次のような言葉が綴られている。

神様、私はあなたが私のもとを去って行かれぬように、あなたをお助けするつもりです。（中略）あなたが私たちを助けられないこと、むしろ私たちこそがあなたをお助けしなければならないこと、そしてそれによって結局は私たちが自分自身をも助けることができるのだということです。（中略）私にはますますはっきりとしてくるのです。あなたは私たちを助けることができないのだということが。むしろ私たちこそがあなたをお助けしなければならず、私たちの内なるあなたの住まいを最後の最後まで守りぬかねばならないのだということが。（ウルリッヒ・ベック『〈私〉だけの神――平和と暴力のはざまにある宗教』より）(3)

このあまりにも個人的で私秘的な日記という自己対話が、どこかに隠れてしまった神、不在の神との対話へといつの間にか変容することによって、抹殺への恐怖の中で何一つ救いのないエティの孤立した生でさえも、不在の神との信頼に満ちた共生へと境目なく流動していったに違いない。そう私たち読者も確信（／誤信？）してしまうその力の源は一体どこにあるのだろうか。

モノローグでしか語られない対象があるのは確かである。三人称語りが対象化を必然的に伴うのに対して、一人称語りは、発語する主体そのものの多様な変奏をしなやかに反映し得るポリフォニックな語りとして、決して対象化し得ない、それどころか顕現し得ない不在の他者さえをも語り得る捉えどころのない深みを抱え込んでいるように思われる。確かに、おそらくは危機にあってなお顕現せざる神に対する痛ましいほどの不在感の共有が一方にはあるに違いない。しかし他方、そうした不在感が強ければ強いほど、それでもなお不在の神、不在の絶対他者との共生を断念することなく、その新たな共生の形をあくまでも具体的な一人称語りの中で日々繰り返し模索し、更新していこうとする不断の意志のごときものが、その力の根源にあるようにも思われる。

『沈黙』においてもまた、穴に逆さに吊るされ、鼻と口から血を流した信徒たちの息たえだえの呻き声を聞いてもなお何もせず、ただ沈黙するだけの神を棄教者フェレイラに告発させることによって、遠藤はキリシタンへの過酷な迫害を目の当たりにしても一向に姿を現さぬ神の沈黙が一体何を意味するのかを問い続ける。そして、踏み絵に足をかけ「転んだ」（キリスト教を棄てた）ロドリゴに最後にこう語らせるのである。


「主よ。あなたがいつも沈黙していられるのを恨んでいました」

「私は沈黙していたのではない。一緒に苦しんでいたのに」

「しかし、あなたはユダに去れとおっしゃった。去って、なすことをなせと言われた。ユダはどうなるのですか」

「私はそう言わなかった。今、お前に踏絵を踏むがいいと言っているようにユダにもなすがいいと言ったのだ。お前の足が痛むようにユダの心も痛んだのだから」

（中略）あの人は沈黙していたのではなかった。たとえあの人は沈黙していたとしても、私の今日までの人生があの人について語っていた。


果たしてロドリゴは本当にイエスの声を聞いたのか。それとも、これはただ彼のモノローグに過ぎないのか。ここに至って、そんな問いはもはや無意味なのかもしれない。たとえ何一つ救いのない孤立した惨めな生にあってさえ、不在の神との信頼に満ちた共生を感受し得る途があるとすれば、それは私たちの生きる辛さ・痛みを分かつために十字架を背負った「同伴者イエス」の臨在をひたすら信じ待ち望む途と限りなく重なり合っていくのではないだろうか。

かくれキリシタン

西洋の哲学、いわば横書きの思想を縦書きのローカルな思想の言葉で語り直し、この国の人に伝えるという仕事をしている関係からだろうか、『沈黙』の中でどうしても気になる台詞がある。それは、キリスト教を棄て今は奉行から沢野忠庵という和名と日本人妻子をあてがわれたかつての宣教司祭フェレイラの次の言葉である。

「この国は沼地だ。やがてお前にもわかるだろうな。この国は考えていたより、もっと怖ろしい沼地だった。どんな苗もその沼地に植えられれば、根が腐りはじめる。葉が黄ばみ枯れていく。我々はこの沼地に基督教という苗を植えてしまった」（中略）「デウスと大日と混同した日本人はその時から我々の神を彼等流に屈折させ変化させ、そして別のものを作りあげはじめたのだ。言葉の混乱がなくなったあとも、この屈折と変化とはひそかに続けられ、お前がさっき口に出した布教がもっとも華やかな時でさえも日本人たちは基督教の神ではなく、彼等が屈折させたものを信じていたのだ」（中略）「日本人は人間とは隔絶した神を考える能力をもっていない。日本人は人間を超えた存在を考える力も持っていない」（中略）「日本人は人間を美化したり拡張したものを神とよぶ。人間と同じ存在をもつものを神とよぶ。だがそれは教会の神ではない」

フェレイラのこの言葉から四〇〇年近くたった今、この国に果たしてキリスト教は根付いたと言えるだろうか。信者の割合から言えば、全宗派を合わせても全国民の一パーセント前後にしかならない布教率は、この国の風土にキリスト教という苗は育たないというフェレイラの言葉にある種の予言のような響きを与えるかもしれない。しかし、信仰の問題を単に数量的に計ることは一面的に過ぎるであろう。『沈黙』の時代から二百数十年後、古今の宗教弾圧史上、類を見ないほど過酷な迫害・弾圧を受けながら、仏教徒を装い密かにキリスト教信仰を守り続けた浦上地区の十数人のいわゆる「隠れキリシタン」が、一八六五年三月一七日に大浦天主堂を訪れ、プチジャン司教の問い掛けに「ワレワレノムネ、アナタノムネトオナジ」（我々は皆、あなたさまと同じ心でございます）と応えたと伝えられる「信徒発見」を端緒に、浦上の他に五島列島や平戸島、外海など長崎の各地、福岡、さらに熊本の天草にも、信仰を深くその土地に根付かせた人びとの存在が明らかになった。彼らの存在こそがフェレイラの言葉への明白な反証と言える、そういう考えがあってもおかしくない。

しかし、この問題は思いのほか厄介だ。信徒発見の後、「浦上四番崩れ」(大規模なキリシタン弾圧事件)という不幸な出来事を経てようやく禁教令が解かれたことによって、晴れて信仰の自由が保証されたキリシタンたちがカトリック教会に復帰するのも当然の成り行きと思われた(このように禁教下にあって密かに信仰を守り続けた信徒のことを、学術用語的には「潜伏キリシタン」と呼ぶ。したがって現在では、「信徒発見」の際、大浦天主堂を尋ねた信徒たちのことは一般に「潜伏キリシタン」と呼ばれる)。しかし、もはや隠れる必要がないにもかかわらず、禁教下の信仰形態、すなわち、ローマ・カトリック教会の体制に組み込まれた司祭を仰がず、表向きは仏教や神道を装い、ときに山中や洞窟などで密儀を行うような信仰の形を代々受け継いでいきながら、やがて土着化し民間宗教化したような信仰形態を解禁後も継続し、カトリック教会への帰属を拒む集落がないわけではなかった(こうした信徒のことを同じく学術用語的には「かくれキリシタン」と呼び、ときにはこれまでの一般名称であった「隠れキリシタン」から区別する意味で「カクレキリシタン」とカタカナ書きすることがある)。

さてここで問題は、後者つまり「かくれキリシタン」は、フェレイラが言うところの「基督教の神ではなく、彼等が屈折させたものを信じていた」日本人に当たるのかどうか、という点である。その点に関して、『沈黙』で当時のイエズス会宣教師の考え方が象徴的に描き出されているのは、ロドリゴが初めて井上筑後守と議論する場面である。

「正というものは、我々の考えでは、普遍なのです（中略）「正はいかなる国、いかなる時代にも通ずるものだから正と申します。ポルトガルで正しい教えはまた、日本国にも正しいのでなければ正とは申せません」

「カトリック」という語は、ギリシア語で「普遍」を意味する「カトルー」を語源とするが、ここでのロドリゴの主張はまさにその意味でカトリック的な考え方の典型と言えるだろう。対する井上は、ある土地で稔る樹も別の土地では枯れることがあると説き、それぞれの風土に固有の特殊性を尊重すべきだという立場に立つ。もし、棄教する前のロドリゴが主張するカトリック的な規準で見るなら、「かくれキリシタン」は明らかに普遍的規定から逸脱しているということになり、彼らの神はキリスト教の神ではないということになるだろう。しかし、カトリック教会自身も一九六二—六五年に開催された第二バチカン公会議において、他宗派・他宗教、さらには他文化との対話を深めていく方針（エキュメニズム）を採用し、多文化主義に立つ開かれたカトリック教会を目指すようになった。たとえば、それまでラテン語で行われていた典礼をそれぞれの国の言葉を用いて行うようになったこと一つ取ってみても、教会がずっと身近なものになったと言えるだろう。この限りで、「かくれキリシタン」もまた、その風土に深く根差したキリスト教の日本独自の展開を遂げた信仰形態の一つとして大いに尊重されるべきである。

こうした論点は、キリスト教と同時に我が国に持ち込まれた哲学についても同じように言えると思われる。古今東西変わることのない普遍的真理が語られる一方で、それぞれの時代や風土に固有な独自の展開を遂げた個性的な哲学思想を自分自身の言葉で探求することもまた、哲学することの豊かな実りに繋がるに違いない。『沈黙』におけるロドリゴの最後の言葉に倣って言い換えれば、たとえ絶対的真理が沈黙していたとしても、「私」がそれについて語り続ける限り、真理は必ずしも頑に沈黙し続けたりはしないだろうから。

註

（1）遠藤周作『沈黙』新潮文庫、一九八一年。

（2）いとうせいこう『想像ラジオ』河出書房新社、二〇一三年。

（3）　ウルリッヒ・ベック（鈴木直訳）『〈私〉だけの神——平和と暴力のはざまにある宗教』岩波書店、二〇一一年。

本章では、さらに以下の諸書を参照した。

沖浦和光『宣教師ザビエルと被差別民』筑摩選書、二〇一六年。

谷真介『外海の聖者ド・ロ神父』パウロ文庫、二〇一四年。

尾原悟（編著）『イエズス会日本コレジヨの講義要綱Ｉ』教文館、一九九九年。

10 リスクを分かち合う倫理

市場の倫理・統治の倫理

社会倫理学の分野では既に名著の誉れ高いジェイン・ジェイコブズ著『市場の倫理・統治の倫理』(1)によれば、人間の社会には、二種類の道徳律、倫理体系があると言われる。それは、およそ人類一般に共通する二種類の生活様式、すなわち狩猟採集民に典型的な「取る」(take)生活方法と、物財を交換し「取引する」(trade)という生活方法にそれぞれ対応するものである。前者は領土に対する責任に根差した「統治の倫理体系」と呼ばれ、後者は商取引をつかさどる「市場の倫理体系」と呼ばれる。具体的には、統治の倫理として、「忠誠」概念を中核とした「規律遵守」「伝統堅持」「位階尊重」「名誉重視」などの排他的で保守的な道徳律が挙げられ、対する市場の倫理としては、「誠実」概念に支えられた「非暴力」「自発的合意」「異邦人をはじめ他者一般への開放性」「契約尊重」「勤勉」「創意工夫」といった自由で民主的な道徳律が挙げられている。

こうした二つの倫理体系は、人間生活を支えるいわば文化的な両輪であって、互いに相補的である。たとえば、公正な取引の場であるべき市場の自由を保障し、市場に暴力的に押し入り商業規範を侵犯する者を強制的に排斥する力をもつ警察組織は、それ自身が、市場の倫理ではなく統治の倫理に服するものとして要請される。言い換えれば、市場の倫理は、国家への忠誠により発動する統治の倫理を必要とするわけである。しかし、同時に、伝統墨守の統治の倫理に支えられた国家が、国際情勢の変化の荒波を乗り越えていくためには、市場の倫理による刷新が絶えず求められるであろう。

著者ジェイコブズは、ジャーナリスト出身らしく、抽象的な理論が先にあるのではなく、あくまで具体的事例の集積に真実を語らせようとするタイプの著述家である。その上、本書が大人同士の知的な談論という一種の対話篇のスタイルをとっていることも相まって、その読み物としての興趣は単なる教養書のレベルに留まりはしない。確かに、その理論化には性急で荒削りなところもあるが、社会を支える倫理規範には経済領域と政治領域に関わる二つの倫理体系があり、それらは互いに矛盾する独立した体系でありながら同時に相補的に機能しているという本書の指摘は、（それが決して著者自身のオリジナルな主張というわけではないにせよ）極めて妥当なものである。しかし、より一層重要な主張は、市場と統治に関わる二つの倫理が決して混合されてはならない、もし、本来矛盾し合う両者が混ぜ合わされたなら、それは必ずや腐敗するに至る、という点にある。たとえば、国家目的に奉仕する厚生医務官僚と患者に個人的に奉仕する民間医師には根本的な違いがある。というのは、必要があれば、住民の意志とは無関係に強制的に隔離したり、汚染された海岸を封鎖したりせねばならない厚生医務官僚に対し、民間の開業医は、患者の治療に際し、可能な限り患者の合意を取り付け、誠意を尽くして患者の利益を最優先させる義務を負っているからである。両者が従うべき規範は、まったく異なるものである。したがって、医師が患者のために治療に携わっているような顔をしながら、実は国家目的のために患者を利用してしまう、そのような二つの規範体系を混合した事態は、道徳的に許されないことなのである（ここから容易に連想されるように、たとえば福島第一原子力発電所の事故における東京電力や原子力保安院、あるいはコロナ禍においてコロナ対策を兼務する経済再生担当大臣は、一体どのような道徳規範によって動いていたのか、そこに二つの倫理規範の混同がなかったのかどうか、その点が大いに問われるべきところであるだろう）。

二〇一一年以降、世界を吹き荒れた債務危機の嵐においても、その解決の糸口がややもすると市場の倫理体系の破綻を統治の倫理側に尻拭いさせるというその場しのぎの規範癒合に陥り、ますます混迷の度を深めているように思われてならない。それどころか、政治が統治の倫理規範にのっとり、市場経済の暴走を抑止しつつ、市場の倫理の独自性を尊重するという構図がなにか絵空事のようにすら感じられる。では、二つの規範体系それぞれの固有性を見失い、両者を混同しないためには、一体どうすればよいのか。ジェイコブズの答えによれば、理論的には、支配者階級と商人階級を截然と区別するカースト制を取るか、あるいは二つの倫理体系を自覚的にその都度選択していく方途を取るか、そのいずれかである。しかし実際には、民主主義の浸透した先進諸国にあって前者はあり得ない以上、取るべき道は自覚的倫理選択しかない（階級制を保持するという方法は、我々には一見極めて奇異に思われるが、歴史上は、我が国の士農工商を引くまでもなく容易に見出せるものであり、とりわけジェイコブズが何にも勝って参照していたプラトンの『国家』篇が、その方法を自らの哲人王思想の根幹としていたことが思い起こされる）。では、自覚的な倫理選択は一体どのようにして可能なのだろうか。残念ながら、そこから先の思慮選択は読者に委ねられている。グローバリズムの進展に伴い、国家という存在の意味が改めて問い直されざるを得ない今、統治の倫理と市場の倫理の各々に一体何が求められているのだろうか。

自由主義と共同体主義、そして二大政党制

もし、①市場の倫理を最大限尊重するのであれば、市場における交換原理に基づく自由秩序の実現を目指す社会となるであろう。しかし、②市場の倫理ではカバーしきれない領域を少なからず統治の倫理で統制していこうとするのであれば、政治における強制原理に基づく支配関係が前面に押し出された社会となるであろう。あるいはまた、③統治の倫理に大きく依拠するのであれば、成員に共通する伝統的価値のヒエラルキーがあり、同一目的の自発的追求が可能な保守的社会となるに違いない。ここで、自律した個人の自由な自己決定を理念的な核とし、経済的には私的所有を前提し市場における商品交換によって利潤の最大化を目的とする資本主義、政治的には代表制民主主義、倫理的には他者危害原則、以上から成る理論をさしあたり自由主義（リベラリズム）と押さえておくならば、自由主義の内部に、①個人主義に基づき、ロバート・ノージックらに代表される自由至上主義（リバタリアニズム、経済的にはネオ・リベラリズム）と②集団主義に基づき、ジョン・ロールズらに代表される福祉型自由主義、いわゆるリベラル左派とが区分されることになる。また、同じく多様な姿を呈する③共同体主義（コミュニタリアニズム）

についても、さしあたり個人に先行する歴史や伝統を色濃くもち、善へのビジョンを共有しつつ統一された共同体を重視することによって自由主義へのアンチテーゼとなす理論、とひとまずはみなしておくことができるだろう。二〇一〇年に一大ブームを巻き起こしたマイケル・サンデルが、このコミュニタリアニズムに位置づけられることは、もはや周知のことかもしれない。

政治的な分類で言えば、いわゆる保守党（たとえば、日本の自民党、アメリカの共和党）は、共同体主義的な価値観とリバタリアン的な経済政策を併せ持った小さな政府を奉じる立場であるのに対して、リベラルな政党（たとえば、アメリカの民主党や日本の旧民主党）は、福祉型自由主義に基づく大きな政府を奉じる立場と言えるだろう（我が国においては、少なくとも、ある時期までは……）。そうすると、先に述べられた市場と統治の二大倫理体系の自覚的な選択は、小選挙区制に立脚した二大政党制の下でのその都度の選挙結果として、つまりその限りでの市民の総意として、これまでその都度、為されてきたと言うことができるだろう（これまた我が国においては、少なくとも、ある時期までは……）。

しかし、円高デフレ経済に喘ぎ、終身雇用・年功賃金制といった日本型雇用が崩れ、雇用不安や年金不安、さらにヨーロッパ債務危機、自国の財政破綻、少子高齢化等々に脅かされ、二〇一一年の未曾有の大災害からの復興も今一つ先行きの不透明感を拭いきれず、福島第一原発事故の最終的な収拾も覚束ないまま、やがてあれほど騒がれた電力危機や放射能汚染への恐怖も過ぎ去ったかと思う間もなくコロナ禍での経済自粛に喘ぎ続ける我が国において、二大政党である自民党と立憲民主党への信頼、それどころか政党政治そのものへの信頼が失墜しつつある。このような政党政治の腐敗・堕落は、一体何に由来するのであろうか。あるいは、市場の倫理、統治の倫理という既存の倫理体系では、もはや現在の日本の社会状況は律し切れないのであろうか。

リスク社会

近代化は、前近代の伝統的束縛から人間を解放し、社会において生産された富の公正な再分配を徐々に可能にしていくことによって近代産業社会を生み出してきた。しかし、近代化の進展に伴い、生産力が飛躍的に増大するにつれて、人間に対するリスクと脅威の潜在的可能性もまた幾何級数的に顕在化してきた。近代化の過程は、自らの技術と経済の発展がもたらしてきたリスクをも問題として処理せねばならないという点で、自己再帰的とならざるを得なかったのである。では、テクノロジーが生み出した様々なリスクを、いかに認知し、管理し、ときに回避しときに隠蔽していくべきか。そのような課題に直面した現代社会のありようを、ウルリヒ・ベックは

「リスク社会」と呼んでいる（邦訳題名は『危険社会』(2) だが、原題 Riskogesellschaft に合わせて「リスク社会」と呼ぶことにする）。かつて、近代産業社会は、自らの生産力の増大によってもたらされた社会的富の再分配によって、貧困と闘ってきたが、その陰で、その予期せぬ副作用として、富の源泉である自然環境が汚され破壊され続けてきたことに無頓着であった。その結果、近代化の延長線上に、リスクを配分する社会が発生してきたというわけである。ここでリスクと呼ばれるものは、地球規模で進む人類全体に対するリスク、たとえば自然環境の破壊や、核分裂や核廃棄物によって発生するリスクのことを指している。ベックの著作が刊行された一九八六年が、チェルノブイリ原子力発電所の爆発した年であることを思い起こせば、その後の同書の影響力の大きさが容易に察せられるだろう（そして、二〇一一年に「フクシマ」を経験した我々にとって「リスク社会」の脅威はひときわ切実かつリアルである）。

では、このようなリスク社会にあって、我々が選択すべき倫理体系は果たして統治の倫理であろうか、それとも市場の倫理であろうか。そもそも、水や空気の汚染、あるいは放射能汚染のように、顕在化しないまま、国境も貧富の差も宗教も何もかもを超えて地球規模で蔓延していくリスクに、排他的な領土占有に動機づけられた統治の倫理は、原理的に対応不可能であるだろう。金融市場に典型的なように、グローバルな展開が可能なのは、市場の倫理である。しかし、富の配分に際して、公正な取引は十分に規範的効力を発揮し得るが、リスクの配分に際して、何がどのように取引されるのであろうか。たとえば、発展途上国の二酸化炭素排出権を先進国が買い取るという形での取引は、地球温暖化というグローバルなリスクに対して、決して有効な回避策とは言えないのではないか。ここには、一見すると市場の倫理に服しているようでいながら、実は、排他的な統治の倫理が紛れ込んだ国家同士の相互自己充足しか見出されない。「取る」(take)のでも「取引する」(trade)のでもなく、地球規模のリスクを互いに「分かち合う」(share)ための第三の倫理体系が今こそ強く求められるべきではないだろうか。

不知の知

福島原発事故の後、日本中の多くの人たちが、原子力関係の「専門家」と言われる人たちに大きな信頼と期待を寄せ、それが裏切られた結果、それまで以上に大きな失望を味わったことは記憶に新しい(同様のことは、コロナ禍における医療・保健関係の「専門家」についても言えるだろう)。しかし、よくよく考えてみれば、専門家とは予言者や占い師などではなく、あくまで専門領域に関して何をどこまでわかっていて、それ以外のことはまだわかっていない、ということを明確に知っている人のことに過ぎない。たとえば、医者は患者の病状を調べ、健康体へと回復するための治療法を見出すことができるという意味で病気と健康に関する領域の専門知をもつ者である。同様に、建築家は、家に関する領域の専門知をもつ専門家である。それゆえ、病気になれば医者にかかり、改築するときは建築家に頼むのである。しかし、末期医療において、いつ延命治療を止めるべきかについて悩んだ患者が、医者にその答えを求めたとしても、医者にもその正しい答えはわからないはずである。なぜなら、人間が生きるということの意味とは何か、よく生きるとはどういうことか、人は死ぬとどうなるのか、そうした問いは、厳密には医術の扱う専門領域を超えた問いだからである。もし、医者が自らの専門的技術知の限界を超えて、そのような問いの答えを知っているかのように自ら思っているとしたら、それは傲慢な思い上がりに過ぎない。

ソクラテスのいわゆる「不知の知」とは、まさにこのことを指している。ソクラテスは決して無知を奨励しているわけではない。医術という専門領域において、何も知らない無知な者に誰も病気を治してもらおうとは思わないし、そもそもそのような者は医者とすら呼ばれはしないのである。しかし、医術知であれ建築術知であれ、領域的な専門知が扱うことのできない、領域を超えた問い、たとえば、よく生きるとはどういうことか、幸福とは何か、どうやって自らの死に立ち向かえばよいのか、といった問いが少なからずある。普段はことさらに問うこともなく過ごしているのに、何か大きな挫折を経験すると、自らの生き様を振り返り、これからの人生に深く悩むことが誰にもあるはずである。そんな時、あなたは誰のところに相談に行くだろうか。そもそも、「私がいかに生きるべきか」という問いに答えることのできる領域的専門知などありはしない。占い師まがいの似非《えせ》専門知ならいくらでも名乗りを上げることだろうが、いやしくも専門知と言い得る限り、そこには必ず限定された専門領域があるはずであり、それを超えた事柄に関しては決して無責任に答えたりはしないというのが本来の専門家というものである。つまり、ソクラテスの言う「不知の知」とは、そのように自らの専門領域を超えた事柄については何も知らないということを知っているという意味なのである。

いや、一人だけ専門家がいるのではないか、それが哲学者じゃないか、そう思っている人がいるかもしれない。確かに哲学者が、「人はいかに生きるべきか」を考えるというのは、いかにもありそうなことである。しかし、そのような問いをもつということと、その答えを知っているということとはまったく別である。よく知られているように、「哲学」という語の原義は、ギリシア語の「フィロソフィア」であるが、その意味は「知恵への愛」ということであって、決して知恵そのものを意味してはいない。

したがって、環境汚染や放射能汚染のような地球規模のリスクに対しても、それぞれの専門家は、現時点でわかっていることとまだ知られていないことについて区別できる人であり、その限りで少なくとも今何が知り得ないかを知っている人である。また、そのようなリスクを前にして「私はいかに生きるべきか」「何を為すべきか」という問いが、いかなる領域的な専門知にも答えを見出せない、その意味で哲学的な問いである限り、たとえ哲学者であろうが（あるいは哲学者だからこそ）、その答えを知っている者ではあり得ない。しかし、少なくとも、そのように我々には知り得ない事態を招来するリスクに今直面しているということを知ることはできる。この意味での「不知の知」こそ、先に第三の倫理体系として掲げた「分かち合う」倫理を画定する最初の規範と言えるかもしれない。もちろん、科学技術の進展は、今後も我々に多くの恩恵をもたらし続けてくれることだろう。しかし、そのような科学技術の進歩が、今我々の背に重くのしかかっている地球規模のリスクを来るべき未来に解消してくれるという可能性は限りなくゼロに漸近し、むしろそのこと自体が人間の有限性を立証してしまうという事実を自覚するところからしか、リスクを共に「分かち合う」という倫理体系を語り始めることはできないのではないだろうか。

規範倫理学の再生

一般に、「人はいかに生きるべきか」「私は（今ここで）何を為すべきか」といった問いを扱う学問領域は、「規範倫理学」（normative ethics）と呼ばれる。たとえば「飢餓に苦しむ人を援助すべきか否か？　またなぜそうすべきか？」というような問いは規範倫理学の領域で扱われる。他方、そのような「何をなすべきか」という問いをめぐって人々が討議しているとき、「人々は一体そこで何をしているのだろうか？」というように現実から一歩退いた視点から、そこで語られている「～すべき」とか「善い」というような倫理的な言葉遣いや意味に関する問いが、「メタ倫理学」（metaethics）の領域で扱われる。現代哲学の一つの大きな潮流として、存在や事象そのものよりも、むしろそれを語る言語に関心を向け変えていく、いわゆる「言語論的転回」と呼ばれる運動が挙げられるが、そのような動向がメタ倫理学の隆盛に繋がり、規範倫理学がその陰に隠れていた時期がかつてあった。しかし、その反動として、やがて実践哲学の復興の旗印のもと、時代は再び規範倫理学を求めるようになり、今に至っている。

近代以降、規範倫理学の二本の柱は、功利主義と義務論であった。功利主義とは、ある特定の行為ないし特定の規則が結果として最大多数の最大幸福に貢献するがゆえに、そのような行為ないしそのような規則が命じる行為を為すべきだ、とする帰結主義的な立場である。ここで幸福とは、快楽や満足度のように定量的に数値化が可能なものを指し、ある行為ないし規則が結果としてどれだけ多くの人々に満足をもたらすかを数量的にシュミレーションすることによって、より良い政策決定が可能になるため、現実場面での適用性が極めて高い理論である。より良い結果をもたらす効用計算を行うという点では、市場の倫理と極めて親和性が高いと言えるだろう。他方、義務論は、ある特定の行為の普遍化された拒否がなんらかの不合理をもたらすがゆえに、それを為すべきだとする立場である。たとえば、約束を守るという行為を誰もが常に拒否するとしたら、そもそも約束するということ自体、無意味となるが、そのように人と人との約束が成立しない（つまり人と人との信頼関係が成立しない）社会というものは、人間社会として不合理であり不整合である故に、約束を守るということは、その結果いかんにかかわらず、誰もが守るべき普遍的義務だとみなすわけである。結果的に約束を破ったほうが相手のためになると思われる場合であっても、約束を守ったために自らの命が危険にさらされる場合であっても、「約束を守るべし」という命令は絶対的であり、全面的服従が要請されるという点で、統治の倫理との親和性が高いと言えるだろう。

規範倫理学のこうした二つの大きな流れに、二〇世紀半ば過ぎから新たに参入した第三の流れが徳倫理学と呼ばれるものである。この立場は、プラトンやアリストテレスの徳に関する教えを原型とし、ある特定の行為がよい人（親切な人、勇敢な人、……一般的には有徳な人）のなすような行為だから為すべきとみなす立場である。この立場の特徴は、功利主義や義務論が「今ここで何を為すべきか」という行為の選択決定に重心を置くのに対して、「どのような人であるべきか」というように自己の人間形成に重心をシフトし、人間としてのあり方が決まれば（たとえば親切な人になれば）、おのずと行為もそのような人が為すような行為（たとえば親切な行為）となるだろう、という考え方を取る点である。

本章において、我々が手さぐりで探し続けてきた第三の倫理体系、すなわち、地球規模のリスクを「分かち合う」倫理にもっとも親和的な規範倫理学は、そのリスクの実態が複雑すぎて効用計算が成り立たず、しかも旧来の社会規範の想定を超えた新奇性のゆえに、もはや理性的にはリスク克服が不可能である以上、そのような不可能性を自ら引き受けて生きるしかない人間性に立脚し、危機に瀕する他者のリスクを共感をもって分かち合うよう説く徳倫理学であるように思われる。専門的科学者でも官僚でも政治家でもない一市民として、我々がこのリスク社会をいかに生きるべきか、その真摯な問いこそが今まさに問い求められていると言えるだろう。

註

（1）ジェイン・ジェイコブズ（香西泰訳）『市場の倫理・統治の倫理』日本経済新聞社、一九九八年、日経ビジネス人文庫、二〇〇三年。（Jane Jacobs, *Systems of Survival, A Dialogue on the Moral Foundations of Commerce and Politics*, 1992）残念ながら邦訳版は単行本、文庫本共に絶版。

（2）ウルリヒ・ベック著（東廉、伊藤美登里訳）『危険社会——新しい近代への道』法政大学出版局、一九九八年。

11　カントの徳理論と徳倫理学の諸相

二〇世紀半ばに登場したG・E・M・アンスコムによる現代道徳哲学批判は、人柄・性格のあり方とその善さ、すなわち徳に定位したアリストテレス倫理学に光を当てることによって、徳論の再生と徳倫理学の勃興というその後の倫理学の新たな展開をもたらした。徳論の再生と言われる以上は、当然それに先立って徳論がほとんど顧みられなかった時代があったことになるはずである。徳論再興の立役者の一人であるP・フットは、「奇妙なことに、徳と悪徳という主題は、長年のあいだ分析哲学系の道徳哲学者によって無視されてきた」と述べた上で、こうした思想傾向がヒューム、カント、ミル、ムーア、ロス、プリチャードといった現代道徳哲学の源泉ともいえる哲学者たちにも共有されていたと断じている（Foot [2002], p.1）。しかし、仔細にその概念史を見直してみるならば、徳論の無視というよりは、むしろ倫理思想における「徳」というものの位置づけが、J・B・シュニーウィンドがマルキ・ド・サドの書名になぞらえて「美徳の不幸」と呼んだ諸要因によって大きく変容したとみなすほうが適切であろう。本稿では、まずこの徳概念をめぐる変容のあらましをこのシンポジウムのテーマに資する範囲で概観し（I）、その延長線上でアンスコム以降の徳倫理学をめぐる状況の変化（II）にも触れておきたい。その上で、カントの徳理論と徳倫理学の間に見出されるいくつかの論争点のうち、紙幅の都合上、もっとも根本的な相違が見出される論点について一つだけ取り上げてみたい。それは、カントの奉じる合理的規範の「普遍性（universality）」に対して、徳倫理学思想の大半が主張する特定の行為の「個別性（particularity）」の重視という論点であり、それに絡めて、カントにおける「他者論」の有無や、実例の位置づけについても考察できればと思う（III）。[1]

徳概念をめぐる変容史概観

(1)　卓越から義務へ

古代ギリシアにおいて善ないし価値とは、まずもって物事が真に存在するあり方（οὐσία）のうちに見出された。アリストテレス（*EN* 1094a1-2）を引くまでもなく、すべては何か善いものを求めているのであり、善は自然に生起した人を惹きつける力をもつとみなされた。人間の生のあり方もまた、人が真にその者であるあり方すなわち人としての善き生を目指すとされ、とりわけ徳の習得と徳に基づく活動を人間本性の完成とみなす点で徳中心的な考え方が古代では支配的であった。語源をἄριστος（「最善の」）と同じくする「徳」（ἀρετή）という語は[2]、その使用をホメロスにまで遡り、人間の美点のみならず、神々の力（*Iliad*, IX498）や駿馬の気性や速さ（ibid., XXIII 276, 374）など、およそあらゆる事物の卓越性を記述する概念であったが、徳の教師を自称するソフィストに対するソクラテスの論駁を経たプラトン以降、「徳」はもっぱら倫理的な領域で主題化されるようになった。とりわけ、人間の人柄・性格（エートス）の善さとしてのいわゆる倫理的徳《エーティケー・アレテー》を実践的領域に、他方、知性的徳《ディアノエーティケー・アレテー》としての知恵と思慮を理論的領域に配したアリストテレスの体系は、後代に大きな影響を及ぼした。中世スコラ期に至るまで、どのような徳目をいかなる観点から採用するかという点では一致を見なかった哲学諸学派も、思慮（ないし知恵）、節制、勇気、正義の四徳を「枢要徳」と呼んで重視する点では一致していた（cf. 土橋[2020]）。

C・コースガードは、こうした実在する世界の現実存在性こそがある意味で形相であり価値それ自体であるとみなす古代哲学に固有の世界の見方を「卓越の観念」（the idea of excellence）と呼び、それがやがて原罪を負った（抵抗する質料としての）人類と人格的立法者としての神というキリスト教的二元構図を経て、法の観念と結びついた義務の観念によって取って代わられるという卓越から義務への転換の歴史を描き出した（Korsgaard [1996], pp.1-5）。これに加えて、徳中心的な考え方（virtue-centered view）から行為／規則中心的な考え方（act-/rule-centered view）への転換、さらに主知主義から主意主義への転換を重ね合わせて見ることにより、徳概念の倫理学における位置づけの変容、あるいはより直截に言えば「徳倫理学の歴史的衰退」（Frede [2013], p.124）がいっそう浮き彫りにされるように思われる。

(2)　徳中心的な考え方から規則中心的な考え方へ

元来、ユダヤ教の律法主義を承けたキリスト教は、徳ではなく義務の道徳を説いており、法に従った行為の観点から義務を理解している。そうした傾向は、やがて一七世紀において、徳を法の下位に従属させ、徳と悪徳を法によって規定する考え方に至る。こうした動向は、古典的な自然法思想とアリストテレス的な徳理論をある種の統一へともたらしたトマス・アクィナスの試みにまで遡ることができるだろう。また、T・アーウィンによれば、古代徳倫理思想に共有されていた幸福主義を継承したトマスに対し、ドゥンス・スコトゥスが明確に異を唱えた時点に、徳倫理のさらなる転機が見出されうるとみなされる（Irwin [2008], pp.159-176）。

しかし、徳思想にとってもっとも大きな転換は、一六―一七世紀の自然法思想の隆盛によってもたらされたと言えよう。主知主義的な立場から自然法思想を基礎づけようとしたグロティウスの道徳思想によれば、有徳な者とは、第一に、人間本性に伴う特別な道徳的属性である権利に関して正当な根拠に従う習慣を持っている者のことであり、法が明確であるところでは法に従い、法が裁量（discretio）の余地を与えるところでは許容できる範囲にとどまる者にすぎない。つまりその点で、規則や行為について徳から生じる（かつて古代徳倫理思想が徳に備わるとみなした）特別な認識能力の余地はほとんどないということになる。

他方、グロティウスの後を承け、ホッブズ的な極端な形ではなく、あくまでキリスト教的前提を維持しつつ主意主義的な自然法論を展開したプーフェンドルフにとって、「自然法とは、人間の理性的で社会的な本性と一致するものであって、それなしには人類に称賛すべき平和な社会が確立されることはありえない」（Pufendorf [1673], I c.2:16）(3)ものであり、「それが法としての力（vis legis）を獲得するためには、神が存在すること、そして神の摂理がすべてを支配していること、さらには、神が公布した法であるかのような理性の命令を、生得の〔理性の〕光の力によって遵守するように、神が死すべき人間の類に課したということが前提されねばならない」（ibid.,

I c.3:10)。

プーフェンドルフが唱える自然法によって課される義務のうち、「人間が他の人間に対して遂行すべき諸々の義務」については、「共通の責務から」(ex communi obligatone) 生じる、誰もが誰に対しても遂行しなければならない「絶対的義務」(officia absoluta) と、そのように絶対的にではなく一定の条件の下で遂行することが求められる「条件的義務」(officia hypothetica) とに二分される (ibid., I, c.6:1)。絶対的な義務には、侵害の禁止、平等性の承認、「他者の利益を促進すべし」という博愛 (humanitas)、合意の四種の義務があるが、そのうち博愛の義務に関しては、合意あるいは完全な約束によって課される〔また、その履行のための強制力を伴う〕完全義務 (perfecte obligari)[4] と、強制力を伴わない自発的な履行にもとづく不完全義務 (imperfecte obligari) とに二分される (ibid., I, c.9:4)。

ここで用いられた完全義務と不完全義務の区別は、その起源を古代ストア派にまで遡る。ストア派の場合、自然世界に内在する理〔ことわり〕=ロゴスを理性が認識することによって「理性に従って正しく」生きることができるわけだが、その認識の仕方には程度の差があるとみなされる。[5] 我々のような大多数のごく一般的な人間は、状況に即した「適切なこと」(カテーコン καθήκοντα) を為すことによって、ストア派の目指す「自然に従った」仕方でおおよそ倫理的に生きることになるが、それだけで完全な意味でのカテーコン、すなわち「道徳的に正当な行為」（カトルトーマ κατορθώματα）がなされるというわけではない。あくまでストア派的な賢者だけが道徳的に正当な行為をなしうるのである。「賢者」だけが「道徳的に正当な行為」をなしうると考える点でもストア派は主知主義的なわけだが、ローマ哲学期に入り、キケロ（*de officiis*, I. iii. 8）が「適切なこと（カテーコン）」を「一般（／中間）義務」（commune/medium officium）、「道徳的に正当な行為（カトルトーマ）」を「完全義務」（officium perfectum）とラテン語訳することによって、この二つの用語は、その後、皮肉なことにむしろ主意主義的な思想家に頻繁に使われるようになっていく。近世に入り、先に見た自然法論者の議論を経た近代道徳哲学において、カントの完全義務と不完全義務の用法に見られるように、この概念は義務論における主要なタームとなっていくのである。

いずれにせよ、法に従属する習慣にまで貶められた徳の身分を辛うじて保つことができたのは、不完全義務の履行に際し認められた自由な裁量の余地によってであった。とりわけ、そこでプーフェンドルフが「博愛」（humanitas）、さらにはほぼ同義的に「慈善」（benebolentia）や「善行」（beneficium）という（philanthropia に由来する）語を用いていることは重要である。彼は、もともと神と人間の間での愛を意味する philanthropia（φιλανθρωπία）という神学的概念に由来する博愛という徳を、その原義から切り離して世俗的な対人的徳に変容させた点でグロティウスに準じている。彼は博愛の重要性を、個人的な救済という神学的役割のうちにではなく、社会生活を改善する愛の実践的な力のうちに見出したと言える（Schneewind [1990], p. 50）。このように不完全義務の観念は、自然法理論の枠内で、徳中心的な考え方によって強調された道徳生活の特徴の幾分かと折り合いをつけることを可能にした（ibid.）。

こうした超自然的な力によって下支えされた自然法思想に真っ向から異を唱え、完全／不完全義務の区別を、人為的徳と自然的徳という人間の徳の働きの違いによって説き直したのがヒューム（Hume [2007], III）である。彼は、人間性に関わる情念がすべての人に共通しており、それだけが道徳の（すなわち、非難と称賛に関わる一般的な体系の）基礎となりうるがゆえに、道徳の起源を人間性に依拠する感情（the sentiments dependent on humanity）に見出す(6)。その上で、「社会化」と「利己心」に基づき、つまり、自己利益・利己心が、行為主体の自他の行為の反省・熟考によって社会化されることによって(7)、それ自体が最終的に道徳的是認を与えられる道徳的行為の動機となり、その社会化した利己心から生じる安定した性向がヒュームにとっての（正義の）徳すなわち人為的徳ということになる。しかし結果的に、明確で厳密な道徳的な基準や指針が要求される場面で、ヒュームの徳中心的な倫理学は、自然法思想に比してみずからの脆弱性を露呈せざるをえず、自然法思想に取って代わるには至らなかった。「感情の適宜性ないし適切性が確かめられ判断されるための精確な、あるいは判明な規準を、これら〔近代の徳理論〕の体系は、与えることもなければ、与える素振りすらない」（Smith [2009], p. 345）というアダム・スミスの言葉は、直接ヒュームに向けられたものではないにせよ、ヒューム的な徳倫理構想に対する鋭い批判となっていたのである。

こうした前史を経て、カントは『道徳（人倫）の形而上学の基礎づけ』において、定言命法から自身および他者に対する完全／不完全義務の四区分を導き出し、さらに晩年の『道徳（人倫）の形而上学』において、カント固有の展開として、法義務（Rechtspflichten）と徳義務（Tugendpflichten）の区別に至る。法義務は我々に外的な行為を為すよう要求し、徳義務は特定の格率をもつよう要求する。法義務の原理は、「普遍的な法則にしたがって各人の選択意志の自由がすべての人の自由と一緒に共存すること」（VI 230）を許容するような仕方によってだけ、我々は外的に行為すべきである、というものである。(8) 他方、徳義務の原理は、「すべての人がその諸々の目的をもつことが普遍的な法則でありうるような諸々の目的〔同時に義務である目的〕の格率にしたがって行為」すべきである、というものである（VI 395）。法は我々に外的な行為を強制しうるが、道徳は我々に諸々の目的をもつよう強制することはできない。カントにおいては、そのような意味で徳義務のみが不完全義務なのである（VI 390）。

カント研究において、これまであまり注目されることのなかった『道徳の形而上学』第二部の「徳論の形而上学的原理」に、近年、研究者の熱い視線が注がれてきたことは周知のところであるが、その結果、徳倫理学者がカント道徳哲学における徳理論の不在を批判するといった構図はもはや過去の光景となりつつあり、カントの徳理論をそれ自体として批判的に評価することこそが徳倫理学者に求められている課題になったと言えるだろう。

アンスコム以降の徳倫理学をめぐる状況

(1)　アンスコム「現代道徳哲学」による批判

カント研究に限らず、徳理論の再考を促す端緒となったのがアンスコムの「現代道徳哲学」（Anscombe [1958]）であることは周知のところであるが、この二〇頁にも満たない難解な小論考が一体どうして思想史の表舞台から消えかかっていた徳概念を再び舞台の中央に呼び戻すことができたのであろうか。批判の骨子は以下の三つのテーゼに明らかなように、現代道徳哲学は、①我々が適切な「心理の哲学」（philosophy of psychology）を手にするまでは、取り組む価値がなく、

②そこで用いられている道徳的義務や「べき」などの道徳的概念がそれを理解する基盤を失い、理解不能であるが、③その点で主だった現代道徳哲学者の間にさしたる違いはない、というものである（ibid., p.1）。

アンスコムやJ・アナスのようにギリシア哲学の文献に親しんでいる者にとって、たとえばアリストテレスの倫理の語り方と現代の道徳哲学の語り口との間には大きな違和を感じさせる「埋めがたい哲学上の巨大な溝」があると主張される（ibid., p.18）。その原因は、アンスコムが言うには、現代の道徳哲学における以下のような不備にある。すなわち、どうして不正な〔不正という悪徳をもつ〕人や行為が悪しきものであるのか、徳という単なる性格特性のタイプ分けが、どうして善悪の区別と一致するのか、つまり人や行為の善悪がどのようにしてある特定の性格特性に起因するのかを、現代の道徳哲学は（アリストテレスのようには）うまく説明できない、という不備である。しかるに、特定の性格特性である徳は、その徳が例示される行為と密接に関連する動機や意図や欲求といった、いわば心の性向によって規定される。ある特定のタイプの性格特性である徳を理解するためには、徳とそれが例示される行為との関係が解明されねばならない。そこでさらに行為とは何かが理解されねばならないわけだが、そのためにはやはり行為がもつ動機や意図といった心的な概念との影響関係の解明がまずもって必要となる。つまり、そうした行為と密接な関係にある動機や意図といった心的な概念を解明する学がアンスコムの言う「心理の哲学」として要求されているのである。

行為／規則中心的な現代の道徳の考え方において、評価は「正しい」（right）か「（道徳的に）間違っている」（wrong）かという総称的な語によってなされるが、それは法を基準とした「法に適った」ないし「法に反した」「不法な」（illicit）という意味に過ぎず、実質的に何が善いのか悪いのかは、「べき」や「ねばならない」といった形式的表現では表現し得ない。対して、アリストテレスはそのような総称的な語はもたない代わりに、「恥ずべき」「不敬な」「不正な」「卑怯な」等々の多彩な評価的語彙によって表示することができる。アンスコムは、道徳的義務や「べき」といった道徳的概念に理解の基盤を与えたキリスト教の法中心的な思考枠が廃棄されて久しい現代において、そうした思考基盤を欠いた道徳概念は理解不能であり有害でさえある以上、アリストテレスの豊穣で実質的な徳倫理の評価語をこそ活用すべきだと考えたわけである。

以上のような観点からアンスコムはカントについても、短く批判している。たとえば、嘘をつくという行為にしても、端的に「嘘をつく」と言う以上に、様々な状況下で為された嘘をつく行為の多様なあり方を「適切に記述する」ことがカントにはできておらず、それがゆえに、「普遍化可能な格率に関するカントの規則は、ある行為に関して格率を構成すべく、その行為の妥当な記述（relevant description）とみなされるものを特定するための条件の取り決め（stipulation）がなければ役に立たない」と批判される（ibid., p.2）。このように個別の状況における道徳的事象を適切に記述するための道徳語の再生を目指したのが、アンスコム同様に後期ウィトゲンシュタインから大きな影響を受けたＩ・マードックである。彼女の言う「道徳言語の取り戻し・再生」（reclaiming the moral words）とは、内的な現象の単なる記述ないしは包括的な分析から成るのではなく、むしろ道徳的現象と道徳言語の言語行為論的な繋がりを体現することによってそれらの妥当な明確化や再構築をもたらし、内省のための新たな場を作ることにその本質がある（cf. Bagnoli [2012]）。さらに、マードックの影響を受けたＣ・テイラーのいわゆる「質的対照の言語」（languages of qualitative contrast）もまた、還元と均質化によって見失われかけた個人の道徳的な生のかけがえのなさを、均質化され希薄化した低次の善から共約不可能な仕方で質的に対比することによって、畏敬（awe）〔カントにおける「尊敬」Achtung の訳語としてテイラーが用いている語〕の念を惹起する高次の善として救い出そうという試みの一つである（Taylor [1982]）。

(2) 徳倫理学の多様化

アンスコムの三つのテーゼや様々なアイデアを各人各様の仕方で継承・展開し、その後の徳倫理学の再興がなされていくわけだが、アンスコム自身がどこまで徳倫理学そのものにコミットしていたかは詳らかではない。彼女が示唆していた、「人間本性や人間の行為、徳としての性格特性、とりわけ人間本性の『開花実現』（human 'flourishing'）を説き明かす」（Anscmbe [1958], p.18）試みのそれぞれに焦点を合わせて為されたその後の徳倫理学の展開を以下に概観してみたい（なお、本シンポジウムのテーマに照らし、また紙幅の都合上、ごく概略的な紹介にとどめざるをえないことを予めお断りしておく）。

もっとも一般的には、正しい行為の規則の同定や道徳的義務よりも、むしろ「善く生きる」という理念と（知恵、正義、勇気、節制のような）徳とに焦点を合わせた古代ギリシアの伝統への何らかの回帰を訴えた倫理学として、徳倫理学は理解されてきた。こうした徳と悪徳に関する具体的な語（「親切な」「正直な」「卑怯な」等々）は、評価的であるばかりでなく記述的でもあるため、単に「道徳的に正しいことをしなさい」と言うより、当該の状況にふさわしいしかるべき特徴に注意を向けさせることができる上に、一連の道徳的義務のように形而上学的な存在に依拠する必要がないという利点がある。しかし、こうした素朴な徳倫理の考え方が第三の規範倫理学の地位を獲得するためには、徳の本性、徳と他の道徳概念（たとえば幸福や正しい行為）との関連性、多様な徳の統一性の問題、知性的徳の本性に関する問題等々についての精査探求が不可欠であり、どの論点に焦点を当て強調するかによって徳倫理学的な立場も当然多様化していかざるをえなかった（あくまで力点、強調点の違いであるので、それぞれの立場は当該の論点を除けば、大きく見て両立可能な場合が多い）。

（a）アリストテレス的徳倫理学

現代徳倫理学の草創期を代表するアンスコム、フット（この二人は必ずしも自らが徳倫理学者と呼ばれることを望まないかもしれない）、A・マッキンタイア、さらにR・ハーストハウス、J・アナスなど徳倫理学の主流派と目される初期論者の大半は、アリストテレスを自らの主張の主たる起源としていた（ただし、アナスはストア派にも大きく依拠している）。しかし、アリストテレス哲学のどの点を強調するかによっていくつかの下位グループに区分することができる。

（a-1）自然主義（neo-Aristotelian ethical naturalism）

アリストテレスの自然主義ないし本質主義的特質に焦点を合わせた幸福の自然主義的な説明、すなわち人間をあくまで動植物の線上に位置する生物とみなし、その生の究極目的としての幸福を植物の繁茂・開花（flourishing）をモデルとして、自然本性的な機能の十全な発揮（その限りでの有徳な生）ととらえるフットやハーストハウスの立場。この立場に対しては、B・ウィリアムズ＊によって自然本性論批判がなされたが（Williams [1985], [1986]）、M・ヌスバウム＊はそれを再批判する形で、形而上学的実在論に基づく本質主義を排した上で「内的本質主義」（internalist essentialism）すなわち歴史的に基礎づけられた経験的本質主義を唱えた（Nussbaum [1992b], [1995]）[9]。（なお、名前に＊を付した論者は自身を explicit には徳倫理学者とみなしてはいない）。

（a - 2）　幸福主義（eudaimonistic virtue ethics）

エウダイモニアー（人間の善き生、すなわち幸福ないし「開花実現」flourishing）とは何かという問いに焦点を合わせたアリストテレスやストア派由来の伝統に根ざした立場。生物学的な意味で、つまり自然の過程に位置づけられた限りでの幸福規定によって道徳的なものを形而上学的に基礎づけ、同時に、有徳であることを幸福であるための「最善の策」とみなすことによって、有徳な活動に向かう動機をも付与できると主張するのが前述のフットやハーストハウスの立場である（Foot [2002], Hursthouse [1999]）。アリストテレスのみならず、ストア派倫理学に強い共感を示すアナスは現在もっとも強力な徳倫理学的幸福主義論者と言えるだろう[10]。

他方、「人間は自然本性的にポリス的動物である」というアリストテレスの考えに基づいた現代の共同体主義（communitarianism）論者とみなされるマッキンタイアは、とりわけトマス・アクィナスの「共通善」（bonum commune）思想のもとに構想された徳倫理学的な幸福主義を唱える。

（a-3） 完成主義（perfectionism）

人間本性の完全実現態（ἐντελέχεια）を目指すという意味では、アリストテレス主義は何らかの程度で完成主義を含み込む。とりわけ、「発達」という概念は、徳倫理学の重要な契機とみなされる。帰結主義者でありながらアリストテレス主義的完成主義（Aristotelian perfectionism）を強力に推進するT・フルカは、この立場を代表する論者であるが、徳倫理学者とはみなされていない（Hurka [1993]）。

（a-4） 知性的徳としての思慮《フロネーシス》の働きを強調する立場

フットはとりわけこの点を強調する。「古代ギリシア思想の再生に関する指導的擁護者」（Nussbaum [1992a]）であるB・ウィリアムズもまた倫理学における実践知（practical wisdom）の意義を強調している。知恵と並ぶ知性的徳でありながら具体的で個別的な実践に主導的に関与する思慮の働きをいかにして現代道徳哲学の文脈に組み入れていくかは、徳倫理学の最重要課題の一つである。

（b）　行為者に定位した徳倫理学（agent-based virtue ethics）

行為者に定位した徳倫理学は、人を善くする、つまり望ましいものにするのは、その人が善い内的状態を有しているという事実である、という直観を前提した上で、結果的に何が達成されたか、つまり義務に基づいた行為の正しさや幸福が真の問題なのではなく、したがって実践知に依拠することもなく、その人が正しい信念、価値観、態度、感情をもっており、それらによって動機づけられていることこそが重要だとする、ある意味でヒュームの徳理論を継承する立場。M・スロートによって展開された感情主義的（sentimentalist）見解がこの代表で、人を望ましいものにするのは、彼らが「温かい」内的状態、たとえば思いやり（憐れみ、慈悲 compassion）、配慮（気遣い care）、親切（慈善 benevolence）といったものによって動機づけられることだと主張される（Slote [2010]）。

（c）　多元主義的な徳倫理学（pluralistic virtue ethics）

徳を世界の要求によく対応できる性質と一般的に定義し、ある特性を徳にするのは（すなわち、〈世界の要求によく対応できる〉ということのうちに含意されているものは）、多くの事柄のいずれかでありうる、と主張する立場。したがって、必ずしもすべての徳が実践知や善い動機を必要とするわけでもないとみなされる。C・スワントンがこの立場の主唱者である（Swanton [2003]）。

（d） 道徳的個別主義（moral particularism）

メタ倫理学の隆盛に伴い、道徳的な性質を、実在論にも非実在論にも偏ることなく、それを個別の状況の下で我々に向けられるある種の要求（requirement）とみなし、その要求とそれに対する我々の感受性に基づく反応との相関のうちに捉えようとするJ・マクダウェル＊やD・ウィギンズ＊の考え方をさらに発展させ、こうした個別状況における要求–反応としての個別状況の特殊性・個別性（paticurality）の強調が、一般的な道徳原理を否定すると主張する立場。この立場の主唱者であるJ・ダンシー＊は、行為の理由にこの考えを適用した「理由の全体論」（holism of reasons）を提唱する。たとえば、ある特定の状況下で、ある特定の事柄がφする理由であるとしても、別の特定の状況下で、その同じ事柄がφしない理由となるかもしれないし、そもそもφと何の関係もない事柄になるかもしれない、という想定が理由の全体論の考え方である（Dancy

[2004])。ここまで徹底した形ではないにせよ、アリストテレス倫理学も個別主義的であったとみなしうる限りで、アリストテレス的徳倫理学にもまた個別主義的傾向を見てとることが可能であろう。

また、ウィギンズは、個別状況における要求-反応のもとでは、道徳的性質ないし価値一般がア・プリオリな仕方で一意的に確定されることはできない、という「認知的未規定性」(cognitive underdetermination)を認めた上で、それでもなお日々の実践において称賛や非難という道徳的評価が可能である限りで、ア・プリオリな道徳原理の存在を否定する(Wiggins [1998])。ダンシーやウィギンズのような立場が徳倫理学に属するとは言い難いが、少なくとも個別主義的な傾向は徳倫理学には確かに認められる。近年、徳倫理学自体にもメタ倫理学的な取り組みがなされていくなかで、普遍化可能性に依拠した道徳哲学に対して批判的な自身の立ち位置を、個別主義とどのように関係づけていくかが今後の徳倫理学における一つの課題となるように思われる。

以上のように一口に徳倫理学と言っても、実に多様な展開を遂げてきたわけだが、少なくとも徳倫理学の台頭に伴い、哲学史においても既存の規範倫理学においても、これまであまり注目されてこなかった徳理論の領域にも新たに光が当てられるようになったことは確かである。したがって、J・ドライバーに倣って、もっぱら徳とは何かを説明するだけの「徳理論」(virtue theory)と、道徳性の中心に人柄・性格の善さ＝徳を据える徳中心的な考え方(virtue-centered view)としての「徳倫理学」を区別する必要が生じている(Driver [2001])。その意味で、カントは優れた「徳理論」家でありながら、「徳倫理学」の基本的な立場とは決して相容れることがなかったと言えるだろう。

カント的徳理論と徳倫理学をめぐる一考察

行為中心的な道徳における徳とはあくまで規則や法への従属性によって規定されたものであった。したがって、もし、徳中心的な倫理学における徳に、規則や法から独立したそれ自体の価値が存在するとするならば、それが何であるかを明らかにし、示す必要があるだろう。それが同時に徳倫理学サイドからなされ得るもっとも建設的な批判となるものと思われる。

そこで、まずカントのテクストから具体的な事例を引用し、そこでのカントに特有の考え方とは異質な考え方を対峙させることから始めたいと思う。

道徳〔人倫〕性（Sittlichkeit）にとって、道徳性を実例（Beispiel）から借りとろうとすることより以上に悪しきことはありえないだろう。なぜなら、道徳性について私に提示される実例はすべて、それ自身がまず道徳性の原理にしたがって、根源的な実例すなわち模範（Muster）として用いられるに値するか否かが判定されねばならず、実例が他に先んじて道徳性の概念を提供することなど決してありえないからである。福音書の聖人〔イエス〕でさえ、彼が聖人だと認められる前に、まず我々にとっての倫理的な完全性の理想と比較されねばならない。彼〔イエス〕もまた自分自身についてこう語っている。「どうしてあなたたちは（あなたたちが見ている）私のことを善いものと呼ぶのか。（あなたたちが見ていない）唯一の神よりほかに誰ひとり善いもの（善の原像Urbild）はいないのに」（ルカ一八・一九）と。しかし、それならばいったいどこから我々は、最高善としての神の概念を得るのか。それはただ理念だけから、すなわち理性がア・プリオリに倫理的完全性について描き出し、自由意志の概念と密接不可離に結びつける理念だけから得られる。模倣は倫理性のうちでは決して起こらないし、実例は奨励のためにしか役立たない。すなわち、実例は法則が命じることが実行可能であることを疑いえないようにし、実践的な規則がより普遍的に表現することを目で見てわかるようにする。しかし、理性のうちに存する自らの真の原型を押しのけて、実例

に従うように仕向ける権限を実例は決して与えることができない。(IV 408-9)

まず、徳倫理とは一見関係のないようにみえる聖書学的なコメントを付しておく。ここでカントはルカ福音書からよく知られた箇所を引用し、カッコ内に簡単な注釈を入れているが、それを見る限り、可視的イエスと不可視の神との関係を、プラトン的に似像と原像の関係として理解していることがわかる。しかし、(擬)パウロ書簡によれば、「子は不可視の神の像(εἰκών)であり、すべての被造物の初子である」(コロ一・一五)とあり、さらに「彼は神のかたちをしていたが、神と等しくあることを獲得された褒賞とは思わず、自らを無化し僕《しもべ》のかたちをとり、人間と似たものになった」(フィリ二・六—七)とある。確かにここでも不可視の神に子イエスを像として対比させているが、しかしそれはプラトン的にイデアに対してそれを分有した似像としてではなく、「神のかたちをした」「神と等しくあるもの」としての像として(つまり、神≠似像としてのイエス、ではなく、神=その像としてのイエス、として)である。ここに三位一体論に根ざした極めて神秘的だが同時に示唆に富んだ「像」(エイコーン)のあり方が示されているわけだが、カントにとって、現象界における経験対象であるイエスが、同時に無媒介的に叡智界における唯一の不可視の神と同一であるという事態は論理矛盾でしかない。しかし、聖書を離れて言い直すなら、カントにとって現実に経験される実例は、（原像である）道徳性の概念に従属する劣位の（つまり似像としての）意義しかもちえず、「聖人」という普遍的価値が付与されない限り、眼前の他者は「誰かある人」という以上の何の意味も価値も持ち得ないものなのだろうか。

ここで引用したカントの箇所を引いて、I・マードックは、徳の実例である外なるキリストを見るのではなく、内なる理性を見ることへと立ち戻れと説くカントに対して、「視線（gaze）が理念的なものに向けられるかぎり、その正確な規定は歴史の問題である」（Murdoch [2001], p. 30）と述べている。ここで「歴史の問題」と言われているのは、正確に理解するまでには時間的な過程が必要であり、私たち自身の見方が成長・進展していかねばならない、という意味だと解される。この意味で、「徳に関する限り、我々はそれを明確に理解するというより、徳に向かって〔その都度〕それを掴み取っていく（apprehend）のであり、見ることによって成長する（grow by looking）のである」（ibid.）。このマードックの確信に満ちた、しかしいまだ直観的でしかない主張をウィギンズ的な仕方で言い換えるならば、眼前の他者は、いつまでも「誰かある人」のまま無価値であり続けるのではなく、その都度、個別の状況においてその者の存在が私に要求する、反応としての私の「注視」（attention）という要求‒反応相関的な活動の反復的持続が、その眼前の他者の価値を創出していく端緒となり得ると解釈できるだろう。

今見たようなカントの主張をB・ウィリアムズは次のように弾劾する。

性格をもつということにそもそも何が含まれるかを考えるならば、カント主義者による性格の切り捨てが、不偏的道徳の要求を彼らが最大限主張するための条件であり、それがまさにカント主義者による個人概念の説明が不適切であることの理由だということもわかるだろう。（Williams [1981], p. 14）

確かに「他者への深い愛情（deep attachments）」というようなものは、同時に不偏的な見方を含み込むことができないような仕方で世界に現れるものであるし、そうである以上、そうした愛情が不偏的な見方に背くリスクをおかすことも避けられない。確かに他者への愛情のようなものが存在していれば、我々は不偏性の要求にときに背かざるを得ないだろう。では我々はそうしたリスクを回避すべく不偏的な道徳哲学に従うべきであろうか。ウィリアムズはこう答える。「そのようなものがもし存在しないならば、人生そのものに誠実に向き合うことを強いるに足るだけの内実（substance）や確信がその人の人生に存在することはないだろう」と（Williams [1981], p. 18）。生きるに足るだけの人生の内実。ウィギンズならばこれを「人生の意味」（meaning of life）

と呼ぶだろう（cf. Wiggins [1998], pp. 87-137）。

しかし、このような言い分は、『徳論』におけるカントの議論を無視した一方的な言い分ではないか。確かに、カントはその論考において、他者の善への直接の関心が道徳における直接的な動機づけの役割を果たすことができる地点にまで達している。「他者の目的を実現するよう他者を手助けすることは義務である。もしある人がそうした行為をしばしば為し、彼の目的を実現することに成功するならば、彼は最終的に彼が手助けした人々に対する愛を感じるようになる。それゆえ、汝の隣人を愛すべしという言葉は、あなたの同胞に善を為せ、そうすればこの行いがあなたのうちに人間愛を引き起こすだろう、ということを意味している」（VI 402）。道徳性の（道徳的な）規則にではなく、怜悧の（実用的な）規則にしたがって（nach Regeln der Klugheit (den pragmatischen)）、「狭い義務」としてではなく、「広い義務」として、判断力によってのみ決定されるとき、そうした行為が「他者への深い愛情」を欠いているなどと言えるのだろうか。しかし、だからこそ違いはより明確化される。「なぜ実践的な愛（*praktische* Liebe）からしか感受的な愛（*pathologische* Liebe）にたどり着けないのですか？　どうして、向き合うべき相手をよく見ないで自分の世界に閉じこもっているんですか、外へ出て向き合いましょうよ、あなたの目の前のその人に！」。マードックならきっとそう言うに違いない。

マードックもウィリアムズも厳密に言えば徳倫理学の陣営に片足しか掛かっていないだろうし、ウィギンズもまたしかりである。しかし、マードックはアンスコムと共に、現代徳倫理学の産婆役を果たし、ウィリアムズは甘やかすばかりの乳母とは違う厳しい養育係であった。やがて成人した徳倫理学が進むべき途に迷い始めたとき、マクダウェルやウィギンズたちは、これまで見てきたのとは違った世界の見方を教えてくれた。その意味で、次のようなウィリアムズの決然としたカントへの批判は、同時に徳倫理学そのものへの自戒を促すものでもあるだろう。

人間〔人格〕をその人の性格から抽象して取り扱う道徳哲学の習慣は、特にカント主義的な形態においては、思考という一つの側面を扱う正当な手段というよりは、むしろ〔人間人格に対する〕不当な表象（misrepresentation）ということになる。なぜなら、そうした習慣は、思考という側面を限界づけ、規定することを補助するもの〔すなわちその人の性格〕を除外してしまうからである。（Williams [1981], p. 18）

文　献　表

Anscombe, Gertrude Elizabeth Margaret [1958] ‘Modern Moral Philosophy’, *Philosophy*, vol. 33, no. 124.

Aristotle [1894] *Ethica Nicomachea*, I. Bywater (ed.), OCT, Oxford.

Bagnoli, Carla [2012] ‘The Exploration of Moral Life’, in: J. Broackes (ed.), *Iris Murdoch, Philosopher: A Collection of Essays,* Oxford.

Cicero [1913] *De Officiis*, W. Miller (tr.), LCL, Harvard U. P.

Dancy, Jonathan [2004] *Ethics Without Principles*, Oxford.

Driver, Julia [2001] *Uneasy Virtue*, Cambridge.

Foot, Phillippa [2002] *Virtues and Vices*, Oxford.

Frede, Dorothea [2013] ‘The historic decline of virtue ethics’, in: D. C. Russell (ed.), *The Cambridge Companion to Virtue Ethics*, Cambridge.

Hume, David [2007] *A Treatise of Human Nature*, vol. 1, D. F. Norton & M. J. Norton (eds.), Oxford.

Hursthouse, Rosalind [1999] *On Virtue Ethics*, Oxford.

Irwin, Terence H. [2008] ‘Scotus and the Possibility of Moral Motivation’, in: P. Bloomfield (ed.), *Morality and Self-Interest*, Oxford.

Jaeger, Werner [1973] *Paideia*, vol. 1, tr. by G. Highet, Oxford, 1939[1].

Kamtekar, Rachana [2012] *Oxford Studies in Ancient Philosophy: Virtue and Happiness: Essays in Honour of Julia Annas*, Oxford.

Korsgaard, Christine M. et alii [1996] *The Sources of Normativity*, O. O’Neile (ed.), Cambridge.

Murdoch [2001] *The Sovereignty of Good,* London/New York, 1970[1].

Nussbaum [1992a] 'Virtue revised: Habit, passion, reflection in the Aristotelian tradition', *Times Leterary Supplement*, July 3.

Nussbaum [1992b] 'Human Functioning and Social Justice: In Defense of Aristotelian Essentialism', *Political Theory*, vol. 20, no. 2.

Nussbaum [1995] 'Aristotle on Human Nature and the Foundations of Ethics', in: J. E. J. Altham and R. Harrison (eds.), *World, Mind, and Ethics: Essays on the Ethical Philosophy of Bernard Williams*, Cambridge.

Pufendorf, Samuel [1673] *De Officio Hominis et Civis Juxta Legem Naturalem Libri Duo*, Londinium.

Schneewind, Jerome B. [1990] 'The Misfortunes of Virtue', *Ethics*, vol. 101, no. 1.

Slote, Michael [2010] *Moral Sentimentalism*, Oxford.

Smith, Adam [2009] *The Theory of Moral Sentiments*, R. P. Hanley (ed.), New York.

Swanton, Christine [2003] *Virtue Ethics: A Pluralistic View*, Oxford.

Taylor, Charles [1982] 'The Diversity of Goods', in: A. Sen & B. Williams (eds.), *Utilitarianism and Beyond*, Cambridge.

Visnjic, Jack [2021] *The Invention of Duty: Stoicism as Deontology*, Leiden/Boston.

Wallach, John R. [1992] 'Contemporary Aristotelianism', *Political Theory*, vol. 20, no.4.

Wiggins, David [1998] *Needs, Values, Truth*, 3rd ed., Oxford.

Williams, Bernard [1981] *Moral Luck*, Cambridge.

Williams, Bernard [1985] *Ethics and the Limits of Philosophy*, London.

Williams, Bernard [1986] 'Hylomorphism', *Oxford Studies in Ancient Philosophy*, 4.

土橋茂樹 [2016]『善く生きることの地平——プラトン・アリストテレス哲学論集』知泉書館 .

土橋茂樹 [2020]「「枢要徳」概念の源泉と変容」（シンポジウム「枢要徳の形成と発展Ⅰ」連動報告）『中世思想研

究』中世哲学学会編、第六二号、二〇二〇年。

註

（1）本稿は、二〇二一年一一月二〇日にオンライン開催された日本カント協会第四六回学会のシンポジウム「カントと徳倫理学」における提題発表原稿に基づき、多少の加筆や注の追加を施したものである。司会の田中美紀子氏、提題者の千葉建氏、大森一三氏からは、シンポジウムの準備段階や当日の質疑応答においてカント研究に関する示唆に富んだ助言をいただき感謝に堪えない。当日、意見・質問をいただいた方々にも感謝を申し上げる。

（2）ἀρέσκω を語源とみなす M. Hoffmann の近代的な解釈への批判に関しては、W. Jaeger [1973], p. 418, n. 18 を参照。

（3）本稿では、プーフェンドルフも含めたすべての欧文テクストの翻訳は、用語や文体の統一をはかる意味もあって、邦訳の有無にかかわらず拙訳を使用している。

（4）このラテン語を文字通りに訳すならば、「完全に義務を負うこと」となる。なお、それぞれに対応する権利は、完全な権利が jus perfectum、不完全な権利が jus imperfectum である。

（5）この概念を主題とする最新の研究（Visnjic [2021]）は、カテーコンを「義務」と訳し、ストア派が普遍的規則に依拠しない状況倫理的な義務論を展開したと解釈する。

（6）「いかなる行為も、その行為を生み出すなんらかの動機が、道徳性の感覚とは別個に人間本性のうちに存在しているのでなければ、有徳でも道徳的に善でもありえない。」（Hume [2007], III.2.1, p. 308）「いかなる行為も、行為を生み出すことができて人を行動に駆り立てる情念や動機が人間本性のうちに植え込まれていな

ければ、我々の義務として要求されえない。」(ibid., III.2.5, p. 333)

(7)「自己利益を求める感情を制御できる情念は、みずからの方向性を向け変えたその当の感情自身にほかならない。ところで、この方向性の向け変えは、ほんのわずかの反省をするだけで必ずや生じるにちがいない。なぜなら、情念はそれを野放しにしておくよりも抑制したほうがはるかによく満たされるからであり、所有物の獲得という点では、……孤立し見捨てられた状態に陥るよりは社会を保持するほうがはるかに大きく前進できるからである。」(ibid., III.2.2, p. 316)

(8) カントからの引用は、慣例にしたがってアカデミー版カント全集に基づき、巻数をローマ数字、頁数をアラビア数字で表記する。

(9) この両者の議論の詳細については、土橋 [2016], pp. 331-362 を参照されたい。

(10) なお、アナスへの献呈論文集 (Kamtekar [2012]) には、主に古代哲学研究者による徳と幸福をめぐる一五篇の論文が収められており、その多様な展開と批判的論点を知ることができる。

12　わがストーマ体験記

ご存知のように、広い意味での「哲学」には倫理学という分野も含まれます。その関係で、日頃の大学での講義や通教のスクーリングの際には、生命倫理や医療倫理、あるいは障害者問題というテーマで話をする機会も少なくありません。終末期医療が抱える問題や出生前診断で胎児の先天性障害が発見されたときに生じる倫理的問題に頭を抱えたこともあります。あるいはもっと身近な話として、東京という都市が身障者にとって暮らしやすい街かどうかを考えたりもしました。しかし今となって振り返れば、そういう話をしているときの私自身の関心は、あくまで研究者としての第三者的な関心にすぎず、当事者の苦悩や痛みをどこかで捨象したものでしかなかったのではないか、そう思えてなりません。それというのも、一昨年に私自身がたまたまガン治療の一環として半年ほど少しばかりの障害をもつ立場に身をおく機会があり、そのときに初めて、これまでの自分の考えがいかに観念的でお気楽な傍観者的戯言《たわごと》にすぎなかったかを思い知らされたからです。私事でいささかお恥ずかしい話なのですが、本章では、そういう意味で極めて当事者的な目線から私自身の体験を素材とした上で、「障害」というテーマについて少しばかり考えてみたいと思います。

「ストーマ＝人工肛門」入門講座　構造編

みなさんは「ストーマ」という言葉をご存知でしょうか。「人工肛門」といったほうがわかりやすいかもしれません。「人工」というと、なんとなく人工的な装置のようなもの、たとえば心臓のペースメーカーみたいなものを想像してしまいます。人工的な肛門装置？　なんだかサイボーグ的ですね。しかし、実際はむしろもっと原始的なものです。いずれにせよ、今日の私の話は、このストーマ＝人工肛門の体験記ということになります。

ことの始まりは、私のような還暦過ぎの日本人男性にはさほど珍しくない直腸ガンの手術でした。手術自体は腹腔鏡を補助的に用いた（つまり、そんなに大きくお腹を切り開く必要のない）術式で、時間は結構かかりましたが術後のダメージの少ないものでした。腫瘍のあった直腸のかなりの部分を切除しましたが、幸い肛門は温存できたので人工肛門を造設する必要はありませんでした。しかし、術後五日後に、運の悪いことに発生率がわずか一・五―五パーセント程度の縫合不全（腫瘍部を切除した後、腸管をつなぎ合わせた部分がちぎれてしまうこと）の発生によって腹腔内が汚染され腹膜炎になってしまった結果、緊急で二回目の手術を行うことになりました。今度は、ざっくりとお腹を切り開いて腹腔内の汚染を長時間大量の水で洗い流さねばならず、さらにちぎれてしまった縫合部分を再びしっかりと癒合させるために、当分の間その部分を使わなくて済むよう人工肛門を造ることにもなりましたので、後から聞くと結構大変な手術だったようです。

ということで、ここからが人工肛門の説明になります。「人工肛門」というと表現が直接的なので、私たちはなんとなく「ストーマ」という小洒落《こじゃれ》たカタカナ表記のほうを使いたくなるのですが、「ストーマ」と言ってもピンとこない人のほうが多いと思います。ストーマ（英：stoma）とは、「口」という意味のギリシア語「ストマ」が語源で、手術によって造られた開口部のことを意味します。「人工肛門」と言うとちょっと大仰ですが、要するにお腹に人為的に開けた穴のことです。じゃ、その穴はどこに繋がっているのか、というのが次の話になります。

人間も生きものである以上、所詮は口から食べて肛門から排泄する一本の管にすぎません。ただ、ストーマの場合、その出口のほうが問題となります。一本の管つまり消化管は、口から食道、胃を経て小腸（十二指腸、くねくねと折り畳まれたような空腸から大腸につながる回腸へ）、そして大腸（お腹の向かって左側の下から時計回りに上行結腸、右横方向に横行結腸、さらに下行結腸、S状結腸がお臍の下あたりへ回り込んで）、直腸、肛門へと繋がっていきます。もし、直腸と肛門を切除せざるをえない場合、S状結腸から先がなくなるわけですから、お腹に穴をあけてS状結腸の先を引っ張り出し、それを肛門に代わる出口とします。それが「結腸ストーマ」（コロストミー）と呼ばれるものです。横行結腸や下行結腸から出口を引き出したものも結腸ストーマです。これに対して、回腸から出口を引き出すのは、「回腸ストーマ」（イレオストミー）と呼ばれます。

ここで水撒き用のゴムホースを思い浮かべてほしいのですが、ホースの先っぽを切り落としても出口は一つで変わりませんが、仮にホースの途中で二つ折りにして、その角をナイフで切ると、その切り口から水が吹き出てきますね。これと同じことが腸管についても言えて、たとえば結腸の途中や回腸を折り曲げて切り口を作り、それをお腹の外に出すとストーマになります。直腸と肛門を切除した場合には、S状結腸の先を排出口つまりストーマとしてずっと使い続けなくてはなりませんが（それを「永久ストーマ」と言います）、回腸や結腸の途中で切り口を作ってストーマにした場合は、そこから先の腸管から肛門までは使われないまま温存されることになります。たとえば、私の場合のように、直腸部分の縫合不全で腸管に裂け目ができた場合、当分の間、その腸管部分を使わないで自然に癒合するまで休ませておく必要があります。そういうときに、もっと手前の回腸部分でストーマを造ってそこを一時的に半年間ほど排出口として使うというわけです（それを「一時的ストーマ」と言います）。一般的な位置関係でいえば、自分のお腹の右手側にストーマがあれば一時的ストーマ、左手側にあれば永久ストーマというわけなので、大腸ガンの手術を受けた患者さんは、手術後、麻酔が覚めたら最初に、左右どちらに自分のストーマができたかを確かめるのだそうです。

さて突然ですが、皆さんはご自分の内臓をじかに、つまり内視鏡などを使わずに直接目にしたことがありますか？　ストーマというのは、すでに説明してきたように、腸管の一部をお腹の外に引っ張り出して人工的な排出口にしたものですから、オストメイト（ストーマを造設し保有する人のこと）は、「人工肛門」というイメージよりはもっとワイルドに、自分自身の腸管の切り口と日々じかに対面することを余儀なくされます。それはどちらかといえば、色合いも大きさも、やや小さめの梅干しに似ています。看護婦さんたちは皆さんこぞって、「わぁーカワイイ」などとおっしゃってくださいますが、見慣れるまでは、やはり異様な感じで、はじめのうちは自分の手で触るのもおっかなびっくりでした（だって、自分の腸に直接触れるんですよ、そりゃちょっと怖いですよ）。しかし、だんだん見慣れてくると、同志というか相棒というか、そんな親近感や連帯感が生まれてきます。不思議なものですね、もともと自分の身体の一部だったものなのに、まるで未知との遭遇みたいな感じで、文字通り「他者」として立ち現れてくるわけなのですから。そういう意味では、「私」というもののアイデンティティを考えるためには絶好の哲学教材になるかもしれません。

ストーマ入門講座　実践編

ここまでの話はストーマ＝人工肛門のいわば構造編で、なんとなくストーマの仕組みはおわかりいただけたと思うのですが、次なる問題はストーマの実践編つまりその機能と使用法となります。オストメイトになると、直腸と肛門がどれほど素晴らしい機能をもった名コンビであるかを痛感します。口で味わい、胃腸で消化したあと、その残滓をいかに便として排泄するかという話ですが、まず直腸がある程度の量になるまで排泄物を溜めておき、一定の量になると便意を引き起こしてくれるおかげで、私たち人間は、ほぼ意図したときに肛門筋を働かせて排便行為を行うことができます。つまり人間は、幼少時や下痢の時などを除いて、排便活動を完全に自らの意志の下にコントロールできているわけです。

ところがそんな素晴らしい器官である直腸と肛門をまったく使わずに、単に消化管の一部をお腹に開けた穴に繋いだだけのストーマによって、一体どんなことができるのでしょうか。実は、ただ排出することしかできません。直腸のように溜めておくことも、溜まったら便意を伝えることもできませんし、肛門のように、たとえ便意があってもしばらく我慢して止めておくこともできません。まったく物理的に消化管内に送り込まれてきたものが放出されるだけの単なる出口です。つまり、ストーマでは排便活動をコントロールすることはまったくできない、ということです。

その結果、ストーマには一定の装具が必要となります。赤ちゃんなら紙おむつで大丈夫ですが、オストメイトが普通に社会生活を送るためには、いついかなるときに排泄活動が始まっても困らないだけのしっかりした密閉性やある程度の耐久性の保証された袋状の装備が必需となります。どんな種類のストーマにも、排泄物を収納する「パウチ」と呼ばれるストーマ袋と、それをストーマの周囲の皮膚に密着させるための台座として皮膚に直接貼り付ける「面板」とが必要です。また、ストーマの造られた部位により排出物の状態が異なり、小腸に近い回腸ストーマでは水分を多く含みまだ固形化していない液状ですが、肛門に近づくにつれて粥状から固形へと変化し、S状結腸のストーマでは通常の便とほとんど変わらない状態になります。したがって、装具の形態や仕組みも、排出物の状態、量、さらに取り替え頻度によって異なります。たとえば、回腸ストーマは水分がまだ腸で十分に吸収されない液状で排出されます。したがって量も多くすぐパウチに溜まってしまうので、一日に何度も排出できるよう、パウチの下部に排出するための栓がついていて、そこから排出します。パウチに栓がついているので、パウチと面板は一体となった型が一般的です。対して、結腸ストーマでは固形状の排泄物が収納されるので、それをトイレに捨てる際に処理しやすくするため、面板からパウチがすぐ取り外せるようなパウチ分離型になっています。

装具はどれも私たちの父母世代の頃に比べると、使い勝手や性能面でも見栄えの面でも、格段によくなっています。面板は、肌に直接、しかも常に貼り付けていなければならない上に、中身ができる限り漏れないような強力な接着性も求められます。しかも一定の頻度で貼り替える必要もあるわけですから、よほど肌の強い人でなければ赤くただれてしまいかねません。しかし、面板はもちろん、面板を剥がす際のリムーバーや肌を傷めないためのパウダーなどの付属品も驚くほど豊富で高性能、その上消臭機能も万全です。取り替え頻度については、装具のタイプや装着者の活動様式にもよりますが、たとえばパウチ・面板一体型の回腸ストーマ用装具を使用した私の場合、三日目ごとに取り替えるローテーションを目安にしました。後でも触れますが、装具がいくらよくなっても、たとえば就寝中に漏れてしまうようなアクシデントは、特に「ストーマ初心者」のうちは頻発しますので、なかなかローテーション通りにはいきません。仮にローテーション通りにいったとして一か月に一〇回交換すると考えると、付属品含めて装具一式でだいたい一万四～五千円ほどの購入費用がかかります。単純に費用面だけ考えても、もし自分が年金暮らしの中で月々出費していかねばならないと考えたら、かなり重い負担になります。ただでさえ生活面でいろいろ不便なことが生じた上に、経済的にも負担がかかるわけですから、ストーマと共生していくことは決して楽な道のりではありません。

そこで次に見なくてはならないのが、ストーマ保有者はいったいどれだけの福祉サービスを受けられるか、という問題です。実は私も自分がストーマ保有者になったとき、病院から教えてもらって初めて知ったのですが、ストーマ保有者は障害者扱いとなって様々な福祉サービスが受けられます。まず、永久ストーマに限られますが、その保有者は申請すれば障害程度四級が認定され（障害の程度に応じて三級以上の重度認定もなされます）、障害者手帳が交付されます。認定を受けると、ストーマ装具の給付や公共交通機関の割引、諸種の税金の減免、障害者年金の受給などのサービスが受けられます。また、私のような一時的ストーマの保有者は、障害者認定はされませんが、居住する地方自治体の基準に応じて、たとえばストーマ装具購入費の補助などのサービスが受けられます。

人工肛門って障害なの？

さて、ここで本題です。人工肛門って、はたして障害なのでしょうか。「障害は不便だけれど不幸ではない」とは、ヘレン・ケラーの（そして乙武洋匡著『五体不満足』の帯文にも引かれた）よく知られた言葉です。障害が不幸かどうかは、そもそも人の幸・不幸とは何かという問題も絡んで簡単に答えが出ませんが、少なくとも障害が不便であることは間違いないことです。私のささやかな経験においても、半年間のストーマ生活は、ひたすらストーマに振り回され、身も心も疲れ果てた日々でした。客観的に見れば、ガンの転移への不安のほうが大きいはずなのに、ストーマの世話に明け暮れ、それどころではありませんでした。今から思えば、ストーマのおかげで余計なことを考えずに済んだとも言えます。

とにかく、二回目の手術直後しばらくは、一〇本近くのドレーンやカテーテルに繋がれ、身体中チューブだらけで過ごしました。最初の二週間は、口からは何も飲まず食わずの文字通りの絶食でしたが、点滴していたので不思議と空腹感もなければ食欲もありませんでした。身体に入るのは点滴だけだったにもかかわらず、尿道カテーテルからもストーマからも、それなりの量の排出がありました。言ってみれば、栄養分を点滴チューブから血管に取り入れ、体内を経由して、再びチューブから排出していくだけの繰り返しで、「生きている」というよりは「生かされている」という感じがしてなりませんでした。それだけに、術後初めて重湯を飲んだときは、文字通り消化管に沁み入りましたし、それが回腸ストーマから出てきたときは、点滴のときとは明らかに異なる色合いの排出液でしたので、嚥下・消化・排泄というもっとも根本的な「生きる」ための活動が自力でできたことになんだか感動してしまいました。

近年は、開腹手術後、筋膜は縫合しますが、切り開いたお腹の脂肪部分は自然に肉が盛り上がって癒合するまで開腹したままで過ごします。したがって、まだ縦一文字にお腹がぱっくり割れたままの傷口のすぐ真横にストーマの面板を貼り付けなければなりません。万一、ストーマから漏れた排泄物が傷口に入っては大変ですし、かと言って面板の接着面が傷口に重なってもいけません。熟練した看護師さんでもなかなかうまくいかないストーマ装具の貼り付けを、退院後は自分自身で行わなければなりません。自分の下腹部にストーマを装着するわけですから、鏡に自分のお腹を映して位置を確認しながら作業をせねばならず、慣れないうちは時間ばかりかかって全然うまくできません。

少し慣れてきて、どうにか一人で装着できるようになっても、最初のうちはどうしても就寝時に漏れてしまうトラブルが発生します。私のような回腸ストーマの場合、ほとんど液状なので、余計に漏れやすいのです。誰でも幼い頃はおねしょの経験があるはずですが、夢うつつのなかで下腹部が濡れてしまったあの感覚が、ストーマが漏れた場合、お臍のあたりに感じるのです。これはとても不思議な感覚です。辛いのは、まるでおねしょした子供のように真夜中に起きて汚れた下着やパジャマを洗い、ストーマの周囲をきれいに洗浄した後、もう一度長時間かけてストーマ装具を装着し直さなくてはならないことです。

しかし、それでも病院で何か月もベッドに寝ていなければならなかったことを思えば、ストーマのおかげで自由に外を歩きまわり、職場に復帰して仕事をすることだってできるようになるなんて、本当に夢のようでした。ストーマとの付き合い方にさえ慣れてしまえば、後はどれだけポジティブな気持ちで暮らしていけるか、その一点にすべてがかかってきます。そうは言っても、ストーマ装具一式を自分の体に付けて初めて外出したときの不安な気持ちといったらありません。うまく装着されているのだろうか、漏れたらどうしよう、服の上からでもストーマ装具を着けているとわかってしまうだろうか、いざというときトイレが近くになかったらどうしよう……、数え上げたらキリのないような不安が次々と襲いかかってきます。

しかし、ブログやツイッターなどでストーマ仲間の先輩たちの言葉を読むと、勇気づけられます。面白おかしく自身の失敗談を語る人、どんなに追い詰められても冷静に自分の状態を客観視できている人、普通の人が決してできないような経験をできたことに純粋に喜びを見出している人、誰もがみんな、なんとも個性的で人間味溢れる人たちばかりなのです。「不便だけど不幸じゃない」なんてレベルどころか、「人と違って不便なこともあるけど、そこがまた最高に面白くて私らしい」という具合に堂々と胸を張って生きている先輩たちのなんとカッコいいことか。

しかし、彼らは自ら障害を抱えながら、一体どうしてそんなにポジティブな生き方ができるのでしょうか。その謎を解くために、まずはＷＨＯ（世界保健機関）の取り組みから見ていきましょう。ＷＨＯでは二〇世紀後半に「国際障害分類」が作成され、以後、障害というマイナスをいかにして社会的に克服していくかという試みが続けられてきました。その後、二一世紀に入ってすぐに名称が「国際生活機能分類」と改められ、障害というマイナス面の克服だけでなく、障害者が人間として社会にもたらすプラス面にも積極的に目が向けられるようになりました。

その中に、障害というものを考えていく際の重要な指標として、障害の階層性という考え方が知られています。機能障害（インペアメント）、能力障害（ディスアビリティ）、社会的不利（ハンディキャップ）の三段階がそれです。今回私たちが見てきたストーマの例で説明すれば、直腸ガンやその他の疾病によって肛門や直腸の機能障害が生じた場合、当然、排便行為がうまくできなくなるという能力障害が起こります。すると、外回りの仕事はもちろん、家から出て社会活動に参加するにもトイレ事情が気になり、何事にも自信を喪失して家に閉じこもりがちになるという社会的不適合が生じます。こうしたマイナス面に対処するためにストーマ（人口肛門）が造られ、機能障害がカバーされることによって、たとえ自らの排泄行為をコントロールする能力が失われていても何の問題もないほどに優れた装具が開発され、それを装着することによって社会で難なく活動できるようになります。また、仮に街中でパウチの取り替えが必要になるトラブルに見舞われても、街のいたるところに多目的トイレが設置されていれば、なんの不安もなく社会活動に参画することができ、社会的なハンディキャップは克服できるはずです。実際、私の所属する大学の文学部棟にはオストメイト・トイレも完備した多目的トイレがしっかりと設置されていて、本当に助かりました（お臍の右側に＋印がついた人型のマークが標示されていれば、それがオストメイト用設備があるというサインです）。要するに、障害者の社会的不利をもたらしているのは、従来考えられてきたように個人の機能障害なのではなく、障害者を排除する社会の仕組みにほかならないのです。

このように様々なレベルでのバックアップさえあれば、ストーマ保有者であれ他のいかなる障害者であれ、ある程度の不便さや大変さを除けば、他の健常者となんら変わることなく社会活動を行うことができます。そうすることによって、単に障害のマイナス面を補完するだけでなく、その人が本来もっていた人間としての力量をいかんなく発揮することもできるはずです。それは本人にとってはもちろん、社会全体にとっても大きな恵みとなることでしょう。そうなれば、ストーマはもはやその人の障害ではなく、むしろその人の個性ということにもなり得ますし、普通の人とは違った経験によって培われた人格が社会に多様性をもたらし、人間関係をもっと豊かなものにしてくれるはずです。私が自らのストーマ生活を振り返るとき、確かに大変だったけど悪いことばかりじゃなかったとしみじみ思えるのも、結局のところは、そうした倫理学的なビジョンを我が事として心から願える自分に出逢えたからかもしれません。

第Ⅲ部　とりとめのない余談

13 「顔なし」と「坊」のサブストーリー

――「千と千尋の神隠し」を観て――

私の場合、この映画で妙に印象に残ったキャラクターは、千でもハクでもなく、「顔なし」だった。あの「あーっ、あーっ」という気弱そうにたたずむ姿と、凶暴に肥大化した姿の二重性が、「顔なし」という名前と共に気になって仕方なかった。そういう訳で、以下は「顔なし」をめぐる、かなり強引なこじつけ的解釈である。

この映画の舞台となっている神々が集う「銭湯」とは、現代消費社会とりわけ第三次サービス産業を暗示している。神々とは、文字通り「お客様は神様です」という限りでの客であり、銭湯で働く人々はひたすらそうした「神々」のために奉仕するサービス産業従事者なのだ（ついでに言えば、湯婆婆（ユバーバ）は、そうしたサービス産業の上がりを運用する金融業者であり、ハクはさしずめその取り立て屋といったところだ）。客は欲望をもって訪れ、従業員はその欲望をその代価と交換に充足する。たとえ「腐れ神」のような客であっても、相当の代価を支払い得る限り、表向きには決して差別されない。金銭とサービスを交換するだけであって、相手のために何かをしてあげるのではない。「決して相手のためでなく、金のため」、それがサービス産業の鉄則である。ところが千は、最初こそ「腐れ神」の猛烈な臭さに閉口していたものの、結果的に彼のために大奮闘することによって、その鉄則を逸脱してしまう。だからこそ、腐れ神は千に、単なる代価以上の貴重なもの、その時にはなんだかよくわからないが後になって大きな力を発揮する丸薬を与えてくれたのである。

では、「顔なし」がそうしたサービス産業社会に入り込んではならない厄介者とみなされていたのは一体なぜだろうか。それは「顔なし」が相手の欲望を無際限に充たす存在だからである。相手が金銀財宝への欲望をもっていれば、金銀財宝を魔法のように無際限に繰り出し、相手の欲望を限りなく肥大化させていくことができる。本来、客へのサービスの代価としてのみ金銭を得ていたサービス産業従事者（湯女や三助たち）が、何らのサービス提供もなしに無際限に金銭を供与してくれる顔なしの前で、従来のサービス提供者としての禁欲を破棄し、押さえつけられていた金品への欲望をこれまた無際限に肥大化していくことによって、このサービス産業社会＝銭湯の倫理的均衡は一気に崩壊していく（モラルハザード！）。社会のこうした倫理的崩壊は人々の欲望を加速度的に肥大化し、それと比例するかのように顔なしは不気味に強大化していく。「顔なし」という名は、かくして匿名の群衆がもつ欲望の肥大化のメタファーとなる。

しかしその一方で、必要最小限の欲求しかもたない者に対しては、欲望を肥大化させることによってしか相手と関係を結べない彼は、ただひたすら途方に暮れるしかない。千が薬湯の木札を欲しがっている時、顔なしは山ほどの木札を差し出す。しかし千は、「一つでいいの」と言って後は捨ててしまう。顔なしはただ途方に暮れてたたずむだけだ。相手によって顔なしの姿は変わる。まるで相手を写す鏡のように、ある時は凶暴に肥大化し、ある時は静かにたたずむ。だからこそ、顔なしは自らに固有の顔をもたない「顔なし」なのだ。

この映画には、もう一つ肥大化したキャラクターが登場する。それが「坊」だ。「顔なし」が大人達の欲望の肥大化を写す鏡とすれば、「坊」は生まれてこの方、与えられることしか知らず、しかも与えられたものに満足するということも知らぬ、どうしようもなくわがままな子どもの欲望の肥大化を具現化したキャラクターである。この二つの肥大化の象徴が、一方はあの「腐れ神」の丸薬によってしぼみ、他方は呪力によってネズミに変身させられる。しぼんだ顔なしと変身させられたネズミは千に連れられて「銭婆（ゼニーバ）」を尋ねる小さな旅に出る。
銭婆の家では、ネズミは輪回しに大喜びし、顔なしは神妙に糸紡ぎの手伝いをする。つまり、与えられることとしか知らなかった「坊」は、生まれて初めて「遊ぶ」ということを経験した。それがたとえ輪回しのような単純な遊びであれ、いやむしろ単純な遊びだからこそ、彼は与えられた快楽のうちには本当の楽しさが決してない、ということをストレートに感じ取ることができたのだ。他方、顔なしは、相手の欲望の肥大化をもたらすという実体なき消費を煽る虚業に対して、自分の手で糸を紡ぎ巻き取るという、物を創り出す生産の喜びを初めて知る。自ら遊ぶことを知った坊は、千の窮地を救うまでに成長して「銭湯」へと帰還し、物作りに目覚めた「顔なし」は銭婆の手伝いをしながら自然と共に生きる道を選んだ。何とも平凡な、しかしわかりやすい教訓話が、実はこうやって誰にも気づかれないほどの小声で語られていたのだ。

千尋という少女が労働と協力を通して自律していく、というのがこの映画のメイン・プロットであるなら、顔なしと坊の極めて平凡な教訓話は、宮崎監督がそれを意図したかどうかは別として、この映画の背景に塗り込められた決して小さくはないサブストーリーと言えるだろう。そして、この映画が封切られた二〇〇一年の夏、生まれてこの方、与えられることとしか知らない子どもたちが、実体なき消費に際限なく肥大化した欲望をもてあまし気味の親たちに連れられ、この映画を観るために長い列をなし果てることがなかった。結局、このサブストーリーが低い声でつぶやく教訓は、私たちの現実世界で暗躍する「顔なし」たちによって煽られたこの映画自体の大量消費によって、瞬く間にかき消されてしまった。その意味で、この映画は確かに「もののけ姫」の陰画なのだ。

14　デイヴィッドはモニカを愛したのか
——映画「A・I」を観て——

鬼才スタンリー・キューブリックの死後、彼が永年温めていた原案に基づいたスティーブン・スピルバーグ監督、ハーレイ・ジョエル・オスメント主演の映画「A・I」（Artificial Intelligence 人工知能）が、二〇〇一年夏に公開された。それはおおよそ以下のようなストーリーである。

二十一世紀半ば、不治の病に冒された一人息子を冷凍保存し、治療法が発見される日を待ち望む夫婦のもとに、〈愛〉をインストール可能な（「メカ」と呼ばれる）最新型ロボットのデイヴィッドが送り届けられた。見たところ人間と寸分違わぬデイヴィッドを、母親モニカは最初拒否するが、やがて情が移り、葛藤の末ついに母親としての自分への〈永遠の愛〉というオプションを彼に（ロボットだから「それ」に？）インストールする。「マミー」といって抱きついてくるデイヴィッドにモニカの心は癒されていく。

ところが、新しい治療法が発見され、実の息子が不治の病から生還することによって、奇妙な三角関係が生じてしまう。実の息子の嫉妬とロボット差別による意地悪や周囲の無理解によって、デイヴィッドは〈危険なメカ〉というレッテルを貼られていく。ついにモニカは製造元へとデイヴィッドを「返品」しようとするが、「廃棄処分」されるとわかっているところへ引き渡すのはさすがに忍び難く、森にデイヴィッドを「捨てる」。「捨て子」というより「捨て猫」に近い感じで……。

ここから後は、ひたすら母を尋ねて何千里、という涙の物語。ただし、メカの解体をショー化した場面、人工的な歓楽街、地球温暖化で海に沈んだマンハッタン、さらに超未来の人間絶滅後の宇宙人（?）都市など、スピルバーグ映像世界ならではのシーンが続く。

捨てられたデイヴィッドはと言えば、モニカに読んで聞かせてもらった『ピノキオ』を思い出し、ピノキオが青い妖精のおかげで人間になれたというエピソードに自分の境遇をダブらせ、ひたすら青い妖精を求め、ついには海底に沈んだ遊園地で（飾り物の）青い妖精を発見する。その妖精に人間になれるよう願い続けるうちに、やがて地球は氷河期に入り、二千年の時が過ぎる。人類は全滅し、新しく地球を支配する宇宙人（あるいは新人類?）にデイヴィッドは掘り起こされ、消滅した人類の詳細なデータを保持したロボット、というより最後の「人間」の生き残りとして、新人類に手厚くもてなされる。そこでデイヴィッドが彼らに求めた夢の実現とは、他でもない、モニカの再生であった。彼女の一掴みの髪の毛のDNAから、新人類によってモニカは見事にクローン再生された。モニカとの夢にまで見た二人だけのひととき。しかし、再生が可能な時間はわずか一日しかなかった。やがて再生限界時刻が訪れ、永遠の眠りにつくモニカの横で、幸せそうに目を閉じるデイヴィッド。おそらく彼の動力源が尽きるまで、半永久的に少年の姿のまま、彼は永遠に眠るモニカを愛し続けていくのだろう。残酷なラストシーンだ。

デイヴィッドはモニカを愛したのか

手塚治虫のSFマンガで育った我々には、「A・I」で描かれたロボットの悲劇（?）は既にお馴染みのテーマである。最愛の一人息子を交通事故で失った天才科学者が、その息子の「代用品」として作り上げたのがあの「アトム」であるが、しょせん「代用品」は代用品に過ぎず、実の息子とはなり得なかった。手塚治虫はこう述べている。

『鉄腕アトム』で描きたかったのは、一言で言えば、科学と人間のディスコミュニケーションということです。

アトムは、自分で考えることもでき、感情もあるロボットです。アトムが人間らしくなりたいと、学校に通うところを描きましたが、計算問題は瞬時にしてできてしまうし、運動能力では比べようもありません。そこで、アトムは非常な疎外感を味わうわけです。（『ガラスの地球を救え』光文社、一九八九年、二四―二五頁）

「A・I」においても又、ロボット（メカ）たちは疎外され、差別され、人間とのディスコミュニケーションに苦しめられていた。こうした人間と機械の間に広がる深淵に橋を架けるために、デイヴィッドやアトムは作られた。彼らは、自分で考え、感情をもち、さらに「愛する」ことさえできるのだ。しかし、そうした「人間らしさ」がやがて逆に彼らを苦しめるところに、『鉄腕アトム』や「A・I」の作者たちの裏返しのヒューマニズムが透けて見える。そのことの是非はさておき、ここで問わずにはいられないのが、「はたしてロボット＝機械は心を、意識を、感情を、知能を、そして愛をもつことができるのだろうか」という問いである。この問いに関しては、SFの世界ではもちろんのこと、「心の哲学」の領域でも活発な議論が繰り広げられてきた。二〇〇一年に翻訳の出たコリン・マッギン『意識の〈神秘〉は解明できるか』（石川幹人・五十嵐靖博訳、青土社）においても、第六章の「ロボットは憂うつを身につけられるか」でこの問題が論じられている。

　ちなみに、機械が意識をもつことができるか、という問いに肯定的な答えを出す代表的な立場は、心を大脳コンピューターとみなす考え方である。アラン・チューリングの考案したいわゆる「チューリング・テスト」（相手に関する情報は一切与えず、ただディスプレイ上の文字のやりとり、質疑応答だけから、相手が私たちのようにふるまっているかどうか、つまり意識をもつ者かどうかを判定するテスト）にパスしたコンピューター・プログラムであれば、それが生物的な脳であろうが、非生物的な、つまり機械的なコンピューターであろうが、いずれにしても意識・心をもつ、という主張である。こうした考え方に対して、マッギンは容赦のない批判を展開している。

　そもそも、コンピューター・プログラムとは「記号を操作するアルゴリズム」のことである。すなわちアルゴリズムとは、「特定の結果を導くための単純な機械的手順」であり、記号操作とは、「統語論、もしくは記号の形式のみに注目し、記号が意味したり指し示したりするものには注目」せずに記号を変形させることである。たとえば、東京で実際に作られた交番ロボットなるものは、「近くにコンビニはありますか？」と問われたら、「コンビニ」が何を意味するかには一切コミットせず、ただ「コンビニ」という語（記号）が入力されたら「この通りをまっすぐ行って、最初の交差点を左折してすぐ右手にあります」という音声（記号）を出力するというアルゴリズムに従うことによって、おまわりさんの多様な仕事の一部を代行するよう設定されていた。この調子で、アルゴリズムが複雑になればなるほど、人間そっくりにふるまうことができるわけだ。

しかし、そうやって人間のふるまいを完璧に模倣しても、それでもって「心がある」と考える立場には、以下の二つの点で本質的な誤りがある、とマッギンは主張する。一つは、「心は、統語論形式だけでなく、意味に応じて〈働く〉」という点。この点は、ジョン・サールの「中国語の部屋」のパラドクスで既に批判されていた。つまり、中国語をまったく知らない人が部屋の中にいて、部屋の外からの中国語による質問に、ただ中国語の音声応答マニュアル通りに精確に答えていけば、部屋の外にいる人には、中に中国語のできる人がいると思われるだろうが、実際にはまったく理解できていない、というパラドクスである。同様に、人間とすっかり同じふるまいや応答を模倣できたからといって、機械がそのふるまいや応答の意味を何ら理解したことにはならない。心を模倣し「演じる」機械と心とは異なる、という批判である。

もう一つは、プログラムを実行することが、知覚の能力を保証するわけではない、という点。確かに痛みを感じる時、痛がる動作を伴うことが多いが、しかし、痛みの動作・ふるまいがあるからといって、痛みを感じているかどうかはわからない。痛み（の動作ではなく、痛みの感覚それ自体）は、記号以前の現象であり、アルゴリズムに組み入れることはできないのだから、いくら痛がっているようにふるまっても、そこに痛みの感覚、つまり心は存在しない、という批判である。

では、このマッギンの主張を「A・I」のデイヴィッドに当てはめたらどうなるだろう。デイヴィッドはモニカによって、彼女への愛をインプットされた。それは、「モニカ」という対象を識別したなら、「マミー」という音声を出力し、彼女を愛する者がするようなふるまいを他の何よりも優先して出力するようなプログラムがインストールされた、ということを意味する。モニカの「デイヴィッド」という呼びかけ（入力）に対して「マミー」という甘えた声を出力するというアルゴリズムのどこにも、実はモニカを愛する心などない。モニカへの愛をデイヴィッドに見出しているのは、他ならぬモニカ自身であり、そして、観客の我々なのである。

極めて印象的なシーン、それはプールサイドで悪ガキたちに意地悪されかかったデイヴィッドが、不治の病から生還したモニカの実の息子にしがみついたままプールに落ちていくシーンだ。デイヴィッドにしがみつかれた息子はもがき苦しみ、大人たちがプールに飛び込み、彼をデイヴィッドから引き離そうとする。プールの底へと沈みながら大人たちに助けられる息子、ひきつった顔で水面を見つめる人々の顔。その瞬間、プールの底からそうした水面の光景を見上げる映像が画面に現れる。その場面こそ、他でもない、プールの底に仰向けに沈み、水面を見上げるデイヴィッド自身の視線に我々の視線が同化した瞬間なのだ。次に画面が、水底に横たわり、まるで壊れた人形のように目を見開き、微動だにしないデイヴィッドを大写しにした時、我々観客は、もう既に彼の「心」を思いやって切なくなるのだ。それが自分の心をすべりこませたものとも意識せずに……。

考えてもみてほしい。たとえば「スターウォーズ」を観るとき、一体誰がR2-D2の視点から世界を眺めただろうか。T・ネーゲル風に言えば「R2-D2であるとはどのようなことか」を我々は考えたこともないのだ。「A・I」においてR2-D2の位置をしめるのは、熊のぬいぐるみテディだろう。そうすると色男メカのジョー（ジュード・ロウ）はさしずめC-3POだろうか。もしジョーがハン・ソロ（若きハリソン・フォード）の役割を担えたら、この映画の陰気さも多少は救われたことだろうが、そうはいかない。デイヴィッドとの別れの時、ジョーはI am. I was.（僕は今ここにいる。でも、いなくなる）と言うだけで、決してシュワルツェネッガー（「ターミネーター」）のようにI'll be backとは言わないのだ。

映画の後半、観客はほとんどデイヴィッドが眺める世界の中をデイヴィッドと共に歩んでいる。もはやデイヴィッドは単なるコンピューター・プログラムではなく、我々観客の心情を移入

(einführen) された「人間」として、すなわち様々に展開される映像パースペクティブの主として、ちょうど観客席からスクリーンを眺める観客と同じアングルから世界を眺める「知覚者」になっているのだ。これは、映画というものがもつ映像のトリックであって、それをもってデイヴィッドに心が、そして愛が宿った、と即断してはならない。マッギンに倣って言えば、デイヴィッドは決して憂鬱を身につけてはいないのだ。

しかし、ここで当然反論が出るだろう。スピルバーグは、人間の心がコンピューター・プログラムであるとも、デイヴィッドにインストールされた「愛」が人間の愛のふるまいの記号処理的なアルゴリズムだとも言っていない。彼はあくまで、人間を愛したがゆえに人間になろうとしたロボットの哀しい物語を描いただけなのだ、と。確かにこの反論は正しい。デイヴィッドが心をもつかのように我々にみえるのは、彼がそのようにふるまうようプログラムされていることを我々が知っているからではない。彼の身体も「脳」も、モニカのように生きた細胞からできてはおらず、人工皮膚の下にはシリコンチップやら何やらの非生物的材料がきちんと配列されている。それにもかかわらず彼に心が宿ることがあり得る、と思えてしまうのはなぜなのか。

しかし、実は我々自身の場合でさえ、神経細胞や何やらの生物的材料からできた我々の脳の働きの内の、一体どんな特性が意識・心を生み出すのか、まだよくわかっていないのだ。それが単なるコンピューター・プログラムのようなものでない、ということは、ある程度合理的に説明できる。しかし、では人間の心とは何なのか、それを明確に述べることはできない。マッギンの「コグニティブ・クロージャー」という用語を使うなら、人間にとってこの問題は「認知的に閉じている」のである。とすれば、人間の心の本質が不可知である以上、ロボットが人間の心をもつかどうか、という問いに答えることは、どだい無理な話なのである。せいぜい言えることは、「私に心や意識があるということは、〈私には〉確実なことだ」「しかし、他人に私と同じように心や意識があるかどうかは知り得ない」「同様に、人間とうり二つのロボットに心や意識があるかどうかも知り得ない」「だから、私が相手に心や意識があると思うなら、そう思うしかない。また、何かの〈偶然〉で相手（人間でもロボットでも）に心や意識が備わることも十分あり得る。ただ、それを私は決して知ることはできない」といったことだろう。

象徴的なのはラストのシークエンスだ。実はそこに生粋の人間は一人も登場していない。デイヴィッドはロボットに過ぎない。宇宙人（新人類かもしれない）は、非常に高度な知的生命体のように見えるが、彼らのうちに心や意識が存するかどうか、我々にはわからない。そして一掴みの毛髪のDNAからクローン再生されたモニカは、確かに身体も脳もモニカのそれだが、彼女の生前の記憶は、すべてデイヴィッドの記憶データから再生されたものだ（さもなければ、クローン・モニカは外見的には完璧にモニカなのだが、デイヴィッドを見ても、デイヴィッドが以前知っていたような仕方で反応することはできないだろう）。つまり、モニカとデイヴィッドは、ハード的には（つまり身体の構成素材の点では）異なるが、ソフト的には（つまり脳にインプットされた情報としては）まったく同一なのだ。とすれば、ラスト・シークエンスには人類は存在せず、「確実に私には心や意識がある」という信念をもった〈私〉はどこにもいないことになる。そうである以上、デイヴィッドが最終的に人間になれた、つまり人間の心をもつことができたかどうかは、永遠の謎として封印されたことになる。

しかし、スピルバーグ映画特有のヒューマニズムが、この映画が保つべき禁欲を破ってしまったのも、また事実である。彼は、人間の心、人間の愛がどのようなものか、言わずもがなのことを語ってしまった。本編中のセリフにもあるように、「愛することができるようになったということは、同時に憎むこともできるようになるということだ」。モニカのデイヴィッドへの愛をみれば、人間の心の本質がどのように描かれているか、よくわかる。彼女は、最初デイヴィッドの存在にとまどい、やがて人間の子として愛するようになるが、実の息子の登場によってその愛を裏切ることになる。人間の愛とは、愛するがゆえに裏切ることの常に可能なものなのだ。対してデイヴィッドのモニカへの愛は決して変わることがない。皮肉なことに、人間が憧れ求める永遠の愛を具現化したからこそ、それはとても非人間的なのだ。まったく奇妙な連想なのだが、人の子としてこの世に生まれた神の子イエスが、本当に人間となったのは、ゲッセマネで、またゴルゴタの丘で、血の汗を流し恐怖と戦い、心の迷いを一瞬吐露した時ではなかっただろうか。もし、デイヴィッドが一瞬でもモニカの愛を疑ったとしたら、その時、彼は人間になれたのかもしれない（青い妖精に頼らずとも）。

人間は、自分以外の者ばかりでなく、自分の心の内にも〈他者〉をもっているのではないだろうか。他者と出会うとき、その自分の心の中の〈他者〉も呼応して私に現れ、私は他者との関わりの中で自分の知り得なかった自らの内の〈他者〉を知り、その〈他者〉ぐるみの私全体としてその他者関係の中で形成されていく。しかし別の他者に出会ったとき、私は自らの内の別の〈他者〉に驚きつつも、その〈他者〉ぐるみ全体として変容していくことが十分あり得る。そうやって人は全身全霊をかけた愛でさえ、平気で裏切ることがあり得る。様々な他者に出会う中で、自らの内の思いも寄らぬ〈他者〉を思い知らされながら、全体として私は私であり続ける。それがもし、人間の〈心〉のありようだとするなら、やはりデイヴィッドはモニカを人間の心で愛してはいなかった。むしろ、デイヴィッドを無惨にも捨てたモニカにこそ、人間らしい愛の心情があったと言えるのではないか。少なくとも人間が生きていくとはそういうことだ、そうやってこの映画をシニカルに結論づけることに果たしてスピルバーグが同意するかどうかはわからない。しかし、「シンドラーのリスト」と共通する彼の裏返しのヒューマニズムをこの映画に見出すことは、さほど的外れではないように思うのだが、どうだろうか。

15 「三方一両損」は円満解決か？

「三方一両損」

落語に「三方一両損」という噺がある。ある日、神田白壁町の左官・金太郎が柳原で書き付け、印形、それに三両の入った財布を拾った。当時、五人家族が一月一両二分で暮らせたというのだから、独り者なら、四、五か月は遊んで暮らせる額である。しかし、金太郎にネコババする料簡など微塵もない。それどころか、書き付けを頼りに落とし主である神田竪大工町の吉五郎のところへわざわざその財布を届けに出かける。ところが吉五郎は、書き付けと印形だけは貰い受けるが、三両は要らないと言って憚らない。なにしろ宵越しの銭は持たないという江戸っ子同士である。いったん自分の懐から出たら、それはもう自分のものではない、と突っぱねる吉五郎に、金が欲しくてわざわざ届けに来たわけではない、つべこべ言わず早く受け取れ、と金太郎も一歩も引かない。喧嘩っ早い職人二人が、三両を受け取れ、受け取らぬ、で大喧嘩。挙句、仲裁に入るはずの両人の大家も巻き込んで町内は大騒ぎとなる。かくなる上はお奉行様に訴え出ようということで、登場するのが、あの大岡越前守。この噺の要は、言うまでもなく鮮やかな大岡裁きにある。まずは宙に浮いた三両を大岡越前がいったん預かり、それに自分のポケットマネーの一両を加えた四両を、金太郎、吉五郎それぞれに二両ずつ褒美として与える。「二人がそのまま懐に入れれば三両になったものが、二両になる一両の損。奉行も一両出したから一両の損、これ呼んで三方一両損である」とめでたく一件落着。

噺はこの後、越前守の粋なはからいで二人に膳が供せられることになり、「両人、如何に空腹じゃからとて余りたんと食すなよ」「へぇ、多かァ（大岡）食わねえ」「たったえちぜん（一膳）」という地口オチで取ってつけたように終わる。この噺はもともと講談ネタで、「小間物屋政談」や「唐茄子屋政談」などと共に大岡政談物と呼ばれるものであるが、サゲは落語らしくなんとも馬鹿々々しい。落語好きなら誰でも知っているこの噺、いかにも講釈物らしく説教臭く、理に勝ち過ぎている感じがしないでもない。

倫理学説に無理やり当てはめてみれば、これは当事者間の最終的な収支結果の損得計算から得られた判断である限り「帰結主義」的であり、三両という原資をどう処理することが各当事者に対するその効用を最大化することになるのかを主題とする限りで「功利主義」的でもある。拾った財布を届けるという行為が純粋に善意から出たものなのか、それとも報酬目当てのものなのか、そのような道徳的動機への考慮はここには一切ない。同じ一両という金額でも、当事者各自が置かれた状況によってその意味するところはおのずと異なるはずである。人にとって「価値」とは、単に等量的に配分すればそれで済むようなものではあるまい。このように考えてみれば、ここでの大岡裁きには、むしろある種の違和感を禁じ得ない、それどころかいかにも官僚的な辻褄合わせとさえ思われる。

この点を見事に表現したのが、今や脂の乗り切っている立川志の輔である。志の輔は、三方一両損という越前守の裁きを、あくまで吉五郎や金太郎の視点から見ることによって、徹底的に理解不能なもの、無意味なものとして演じ切る。越前守が躍起になって「これが、後々有名になる三方一両損というものじゃ、どうだ、凄いだろう」と両人に迫るのだが、二人とも狐につままれたような顔でまったく理解できずにキョトンとしている。それもそのはずである。二人にとって、互いの損が一両ずつで痛み分けだ、というような考えなどには端《はな》から興味がないのである。二人にとって何より大事なのは、金銭に執着心があるかのようなふるまいを避け、他人からもそう思われないようにするにはどうすべきか、という一点である。確かにそこには見栄もあるだろう。しかし、宵越しの銭をもたず金離れのよい江戸っ子気質とは、観点を変えてみれば、余剰の財を自己所有せずに社会福祉に還元する一種の市民的徳（civic virtue）として評価できるものではないだろうか。吉五郎も金太郎も、頑固だが根っからの善人である。彼らには、確かに市民的徳が備わっているが、それは道徳から発したというよりは、むしろ「生き方の美学」とでも言うべきものから生まれ来たったものに違いない。対して、越前守が提示するのは、徳も美学もない単なる効用計算である。その両者のギャップを面白おかしく誇張した志の輔の解釈には、さすが「ガッテン」せざるを得ない。

三方一両損の元ネタが、実はイソップ物語（『伊曾保物語』）に収められた「商人《あきびと》金を落とす公事《くじ》の事」という話だという説がある。しかし、ユダヤの地話に由来するらしいその話の背景は、落語に描かれた無欲で善良な江戸っ子たちの社会とは大きく異なっている。それによると、三貫目の銀を拾った者は、届け出ればその三分の一の一貫目を報酬として貰えるという。そこで、ある拾い主は報酬目当てに落とし主に拾った銀を届ける。ところが、落とし主のほうも、一貫目も払いたくないという欲が芽生え、自分は四貫目落としたのにお前は三貫目しか持ってこないと言って攻め立てる。銀一貫目をめぐって、払え、払わぬ、という両者の押し問答は平行線をたどり、ついに伊曾保に調停が委ねられる。彼はまず、慾深い落とし主に対して、拾われたのは三貫目であって四貫目ではないと言い張る以上、拾い主が届けた三貫目はおまえのものではないことになる、と一刀両断の裁きを下す。驚いた落とし主はあわてて真実を述べ、規則通り、しぶしぶ三分の一の一貫目を拾い主に手渡さざるを得なくなる。なんとも後味のよろしくない教訓話である。この話に登場するのは、皆、欲深い人間ばかりである。人間のエゴと強欲が渦巻き複雑に絡まり合う現実社会にあって、「三方一両損」というような損得計算的、功利主義的判断は不可避である、というのが元々『伊曾保物語』の底を流れる暗い人間観、価値観だったのだろう。「江戸っ子の生まれぞこない金をため」と川柳に描かれた江戸庶民の能天気な価値観とは雲泥の差である。

「文七元結《もっとい》」

しかし、落語に描かれた江戸庶民社会にあっては、彼らの市民的徳がいつも健全に機能していたか、というと必ずしもそうとは言えない。志の輔の師匠である立川談志が常々語っているように、落語が人間の「業《ごう》」を表現する芸であるとすれば、吉五郎や金太郎の一本気が挫折しかねない状況もまた、落語では語られ得るのである。その一つが「文七元結」だろう。こちらは、もとは中国の地話を三遊亭圓朝が人情噺に改作したもので、間に入る金子《きんす》が今度は五十両という大枚である。左官の長兵衛は、職人としての腕はいいが博打好きで、それがために借金で首が回らなくなる。十七になる一人娘のお久が窮状を見かねて、吉原では大店として知られた遊郭、佐野槌の女将に頼んで両親のために自らの身を売ろうとする。事情を聞いた女将は、長兵衛を店に呼び付け、一切の借金の返済のために五十両を用立ててやるが、その代り、その借金の形《かた》に娘のお久を店で預かるという。真っ当に働いて翌年の大晦日までに全額返済できれば、お久は傷一つつけずに返そう、しかし、返済が叶わないとなったら、私もその時は鬼になるよ、次の日から娘を店に出して客を取らせるからね、というのが女将の条件である。たとえ大店とはいえ、苦界に身を沈めるとなれば、悪い病にかかり命を落とすことさえ稀ではない。いわば娘の命と引き換えの五十両である。いくら博打好きの長兵衛といえども、愛娘の体を張った諫めに心を動かされぬはずがない。

しかし、こともあろうにその帰り道、長兵衛は大川のあずま橋のたもとで身を投げようとしている文七に出食わす。文七はべっこう屋の若い奉公人で、掛け売りの代金五十両を受け取った帰路にその大枚を掏られたと思い込み、自らの命をもって償おうとしているところだった。身投げなどという安易な料簡を改めさそうとするが、動転している文七に聞く耳はなく、やむなく娘が身を売った五十両を無理やり押し付けて自殺を押しとどめた長兵衛は、そのまま名も告げず立ち去る。この後、文七の話を聞いて長兵衛の人柄に感心したべっこう屋の主人が、娘のお久を身請けし、文七に嫁がせるというハッピーエンドに収まるのだが、この噺もまた、登場する人物がすべて善人で、江戸末期の人情に思わず心が和む圓朝ならではの名作である。

この噺でも江戸っ子らしい金銭観が語られている。べっこう屋の主人が委細承知の上で五十両を戻しにわざわざ長兵衛の長屋に訪ねた際も、一旦相手にやると言った金を受け取るわけにはいかないと長兵衛は突っぱねる。しかし、そんな長兵衛もお久の身代わりの五十両を文七に手放すときには、さすがにただ自分の見栄を気楽に押し通すというわけにはいかなかっただろう。目の前に愚かにも死を決意した若者がいる。皮肉なことに、そいつの命を救うことのできる五十両がたまたま自分の手元にある。しかし、その五十両で若者を救えば、自分の娘は苦界に身を沈めねばならない。一人の他人の命を救うか、自分の可愛い一人娘の命を守るか、その二者択一の実存的決断を迫られた長兵衛の心中の葛藤はいかばかりであっただろうか。「三方一両損」の吉五郎や金太郎には、そうした葛藤は一切ない。実存主義の元祖キルケゴールの区分でいえば、彼らのふるまいはあくまで「美学的段階」にとどまっている。それに対して、長兵衛のあずま橋での決断は、限界状況でのディレンマを自らの実存的決断によって克服しようとした点で既に「倫理学的段階」にあるとみなされるだろう。

とはいえ、自分の娘の命を代償に為された彼の善行が、本当に正しい行為と言い得るのだろうか。実はこの長兵衛のケースは、正義の問題を考えるための絶好の事例である。かつて評判になったマイケル・サンデルの周知の例を借りて説明してみよう（その例を最初に用いたのはフィリッパ・フットだが）。

あなたは、ブレーキが利かず暴走する路面電車の運転手だ。前方には五人の保線作業員がいる。見ると右側に逸れる退避線があり、その先には一人の保線作業員がいる。さあ、あなたならどうするか。功利主義者なら、五人を轢き殺してしまうより、一人の犠牲にとどめるほうが正しいと結論するだろう。しかし、その一人の保線作業員が自分の血を分けた子供だとしたらどうだろう。正義うんぬんの以前に、人間の情として、退避線に向きを変えることが果たしてできるだろうか。それでも、まだ五人の命を救うためだと言えば、救いもある。もし前方にいるのが一人の作業員で、退避線にも一人の作業員ならどうだろうか。まして、前方にいるのが見ず知らずの文七で、退避線にいるのが愛娘お久ということであれば、長兵衛の決断がいかに困難なものであったか想像できよう。しかし、それでもなお、お久の命を犠牲にして文七の命を救ったというのであれば、お久が自分の娘であろうがなかろうが、一人の人間をもう一人の人間の救済のための手段とみなした、という点でその行為はまったく正しくない、そうカント的義務論者ならば主張するであろう。ひょっとすると、長兵衛の心の底には、お久の父親として娘の生死すら左右できるという家長意識が潜んでいたのかもしれないのだ。とはいえ、自殺しようとしている文七を見て見ぬふりをして放置しておくわけにもいかない。誰かを必ず轢き殺さずにはおかない暴走列車のように、私たちの人生には、解決不可能な悲劇的ディレンマが到来しないという保証はないのだ。

しかし、少なくともそのディレンマがいかに解決不能で過酷なものか、その理由を言葉で訴え、理解してもらうことだけはできる（もちろん、事後的にではあるが）。もし、長兵衛が文七を見殺しにしたとしても、それは娘の命と引き換えの五十両を使うわけにはいかなかったからだと弁明することができるし、少なからぬ同情を引くことも可能だろう。キルケゴールによれば、その点が「倫理的段階」と「宗教的段階」とを分かつことになる決め手なのである。たとえば、旧約聖書で有名なアブラハムの事例、すなわち神への信仰を証すために我が子イサクを手にかけ殺《あや》めた行為について、彼はどのような弁明の言葉も持ち得ないのであり、だからこそ彼は宗教的段階に立っているという、いかにもキルケゴールらしい倒錯した教説がそれである。

「三方一両損」的解決への疑いの勧め

キルケゴールを持ち出すまでもなく、宗教、この場合キリスト教だが、その教えはときに不合理で我々の理解を拒むことがある。不合理であるからこそ信仰の対象になるといえばそれまでのことだが、聖書の教えはときに我々人間を深く悩ませる。たとえば、初期キリスト教世界で大きな問題となっていたのは、誰が神の国に入りそれを受け継ぐことができるか、ということであった。その際、資格条件として挙げられたもの(たとえば一コリ六・九―一〇、エフェ五・五―六)のうちの一つが財の有無である。すなわち、「財産のある者が神の国に入るのは、なんと難しいことか。……金持ちが神の国に入るよりも、らくだが針の穴を通る方がまだ易しい」(マコ一〇・二三、二五)といわれる一方で、「貧しい人々は、幸いである、神の国はあなたがたのものである」(ルカ六・二〇)と明言されているのである。イエスによる、この革命的ともいえる価値観の転倒は、しかし、富裕者が神の国に入るには、一体どうすればよいのかという切実な問いを当然引き起こしたことであろうし、贖罪の問題もクローズアップされざるを得なかった。

そこで使徒教父たちによって強調されたのが、贖罪のための「施し」の意義である。たとえば、『ディダケー』（一・五）は、神と隣人への愛を説いた直後に、もし自らが無辜でありたいなら果たすべき主要な掟の一つとして「施し」を挙げる。同様に『ヘルメスの牧者』（二・六）では、「（施しを）与える者は無辜である」と述べられている。しかし、唯一の罪の贖い（lytron）がイエスの死である以上（「人の子は……、多くの人の身代金（lytron）として自分の命を献げるために来たのである。」マコ一〇・四─五）、贖罪のための施しの教えとは両立し得ないはずである。にもかかわらず、イエスの命が人々の罪の身代金として神に支払われたように、施しをなすことも罪の贖い金を神に差し出すこととみなしうるという考えが取り入れられるようになった原因は一体どこにあるのだろうか。おそらくは、受洗後の罪を浄化するための手段が次第に強く求められるようになったからであろうが、いずれにせよ、かかる教えによって、富裕者は神学的な利益を手にし、貧困者は物質的な扶助を得ることが可能となった。言うまでもなく、これは結果オーライの功利主義的解決に他ならない。最終的に、こうした動向をより確固たるものに仕上げたのは、クリュソストモスである。「われわれが幾万の善行を積もうとも、施しを為すことなしに神の国の門に入ることは不可能である」（『説教』二三）。

しかし、贖罪がイエスの専権事項であるべきなのか、はたまた贖罪のための我々による施しが認められるべきなのか、その両者の対立は絶えず緊張関係を保ち続けたまま、どちらか一方に回収されることはないであろう。なぜなら、イエスが自らの命を人間の罪の贖いとして差し出す行為に倣ってこそ、施しは贖いに値するものとなるべきもののように思われるからである。その限りで、富裕者が神の国に入ることができるか否かという問題を正面から取り上げたアレクサンドレイアのクレメンスもまた、施しの意義を明確に示したといえる。「救われる富者は誰か」と題された講話体の文書において、福音書（マルコ一〇・一七—三一）で語られた「行って持っている物を売り払い、貧しい人々に施しなさい」というイエスの厳格な言葉を、彼は字義通りに理解することを戒め、富裕な者が、たとえ富者のままであってさえ、神の国に入ることができるということを立証しようとする。その際、クレメンスは、物質的なものはすべて善悪無記であるというストア派の教説に依拠することによって、金銭・物財それ自体は善悪無記であるに過ぎず、それらすべてを無理に遠ざける必要はない、と説く。むしろ、金銭・物財をどう用いるかが肝要であり、先のイエスの言葉も、「金銭をめぐる思い、財に向かう執着心、過度の欲求、金に関する恐れや病的感情、思い煩い、生命の種を摘み取る生の刺を霊魂から取り払うようにとの命令」と解すべきである。要するに、「主は財の剰余でもって」貧しい人々、飢えた人々に施しをなし、共に分かち合うよう命じているのである。そのためにも、財産のある者は、自らの霊魂が欲求や情念に蹂躙されることなく、完全に自足した神に倣って、可能な限り「霊において貧しい者」となることによって、外的な財を善く用いるようにせねばならない。ここに至って、「贖罪のための施し」という考えはようやく十分な正当化を得たわけである。

しかし、理屈はそうだとわかっても、なにか腑に落ちない。もし、イエスが自らの命を人間の罪の贖いとして差し出す行為に倣ってこそ、施しは贖いに値するものになるというのであれば、逆に、そうした動機づけのない施しは贖いに値しない上っ面の偽善ということになりはしないだろうか。江戸の住人たちに話を戻せば、自らの命を差し出すお久の献身があるからこそ、そこから生じた五十両を文七に施す長兵衛の無私の行為がかけがえのない輝きをもち、人々の胸を打ったに違いない。もし、大店の主人か何かが、有り余る財産の一部を貧者に施し、それでもって自らの良心の救いは得られ、貧者たちも貧困から救われるとすれば、確かに最大多数の最大幸福が結果し、それは文句なく正しいはずである。しかし、そうした経済的効用の最大化だけが、お久や長兵衛の無私の献身や吉五郎や金太郎の生の美学を抜きにして強調されるようになったとき、果たして私たちは本当に幸福になれるのだろうか。

そもそも「経済《エコノミー》」とは、ギリシア語の「家（オイコス）」の中での取り仕切り一切を意味した「家政（オイコノミア）」を語源とし、当時、家内でなされていた生産とその産物の商いの規模がローマ時代に入り拡大し、家の肥大化した形である「社会」における産物の商取引一切の総称として用いられるようになった言葉である。しかし同時に、「オイコノミア」は「(家における)運営・管理のために委ねられた任務」という意味で新訳聖書中にも用いられ、特に「イエス・キリストに委ねられた任務」というニュアンスを加えることによって、「イエスが受肉し自らの命を人類の贖罪のために差し出すという神の内に世界の始めから秘められていた救いの計画」をも意味するようになった。もし経済が、今述べたようなオイコノミアの二つの側面を兼ね備えてこそ、その言葉本来の意味するものであるとするならば、無私の献身《オイコノミア》を伴わない経済《エコノミー》は実はまやかしの姿なのではないだろうか。現在、世界を動かすのは経済であると声高に叫ばれ、経済的効用を最大化するための功利主義的方策が人類を幸福へ導く最短コースだと信じられている。しかし、そうした「三方一両損」的な処方箋が世界を幸福に導くというオチをそろそろ疑い始めてもいい頃ではないだろうか。

16　古今亭志ん朝師匠を偲ぶ

落語大好き人間たちにとって、二〇〇一年一〇月一日は忘れることのできない日になってしまった。なぜなら、真に落語好きであれば、必然的に志ん朝ファンであるに決まっている、その志ん朝師匠が一〇月一日午前一〇時五〇分に永遠に帰らぬ人となったのだから。肝臓癌だったそうだ。六三歳。これからがいよいよ円熟期、いずれ六代目志ん生を襲名し、文字通りの名人上手として平成の、いや大げさでなく今世紀の落語の方向を示してくれるはずだったのに……。

父親は言わずと知れた五代目古今亭志ん生、その長男（つまり兄）が金原亭馬生（いずれも故人）、その娘（つまり姪）が女優の池波志乃、いずれ劣らぬ酒飲みばかり、当然志ん朝も飲んべえだった。獨協高校卒業後、朝太の名で前座二年、二つ目三年の超スピード出世で一九六二年（昭和三七年）に真打ち昇進、その直後には既に肝臓を痛めていたそうだ。本名は美濃部強次（きょうじ）、なんとも強ばった名だが、ご本人はその名とは対照的に艶っぽくて色気があり、若い頃は落語界のプリンスなんぞと言われていたものだ。「若い季節」（ＮＨＫ）や「サンデー志ん朝」（フジ）などのテレビでも活躍したが、七〇年代以降、テレビのペースに馴れていくことを嫌って出演を控える。しかし、芝居好きは芸のこやし、とばかり自ら数多くの舞台も踏んだ。誰呼ぶとなく、円楽、談志、柳朝と共に寄席四天王とか落語四天王と呼ばれたが、やはりあらゆる面を総合して志ん朝が抜きん出ていたことは、たとえ熱狂的な談志ファンだって認めざるを得ないだろう。

その談志がラジオで言っていた。志ん朝が八月以降休業宣言をしたってんで見舞いに行ったら、癌じゃねえって言うからね、そういうのこそほんとはあぶねぇんだって言ってやったわけよ、とか何とか。ということは、志ん朝師匠は自分が癌で余命幾ばくもないってことを知らなかったのだろうか。そんなことはないような気がする。休業直前はそれこそ命がけの高座だったそうだ。久米宏との最後の晩餐をめぐる対談で、すっかり痩せてしまった志ん朝師匠が、それでも師匠らしい江戸前のトントーンと調子のいい語りを聞かせてくれた後に、最後は鰻を食したいですね、と静かに口にしたときに、私らはみんな胸がキュン、目頭がツーンときちまって参ったはずだ。なぜなら志ん朝ファンならご存知のように、師匠はずっと鰻を断ってきたのだから。その鰻断ちの理由はこうだ。

彼（志ん朝）が二ツ目の朝太のころ、身の回りに良くないことが続いた。この時、信心深い母のりんは、息子を谷中の寺に連れていった。そこで虚空蔵菩薩（こくうぞうぼさつ）のお守りを授かった。お前の守り本尊、肌身離さずにと。小さなお守りに、母のイメージが重なる。以来三十年近く志ん朝は、この菩薩のお使いといわれるウナギを律儀に断っている。

（昭和六二年六月の読売新聞夕刊）

同じ記事の中で志ん朝は父志ん生の死に触れて、こんなことも言っていた。

妙なたとえですが、氷が張り詰めた冬の大河。それが陽気の加減か、ズズッと動く。これで、ある時代が過ぎたんだ。こういう噺家（はなしか）はもう出ない。これから、どうなるんだろうか。

母の死に比べて父の死を特に悲しいとは思わなかった志ん朝が、実はそうした悲しみよりもっと大きな喪失感にうち砕かれていたことが、この言葉でよくわかる。今、私たちはその時の師匠とまったく同じ気持ちだ。いや、きっとそれ以上だろう。なぜなら、志ん生の後には志ん朝がいたが、志ん朝の後にはもう志ん朝はいないのだから。そう思うと、ただ呆然と立ちつくすしかない。

聖子夫人によれば、志ん朝師匠は大の薬好きだったそうだ。そういえば、私が最後に志ん朝師匠の生の高座を見たときも、枕にバイアグラの話なんかをしてたっけ。ただ、そのときの枕のテーマは老化の話で、このごろめっきり老けました、と語る語気に不吉なものが一瞬よぎったような気がしたのだが、その後の名調子にすっかり忘れてしまっていた。不謹慎な言い方になってしまうが、こうなるということがその時わかっていたなら、それから後は何をおいても志ん朝師匠の高座はすべて聞きに行っただろうに、そう思うと悔しくてならない。今年の秋は私の地元、所沢で「志ん朝一門会」が予定されており、ずっと楽しみにしていたのに、八月の休業宣言でキャンセルとなり、そして、一〇月一日に永遠にキャンセルとなってしまった。

落語家を偲ぶのに湿っぽくなっちゃいけませんですよ、ええ、なんて師匠の声が聞こえてきそうなので、師匠の出色のギャグを一つ。「化けもの使い」という噺で、のっぺらぼうの女が人使いの荒い隠居から目鼻のないことなんぞ大したことじゃない、と慰められるシーン。

「なまじ目鼻がついてるんで苦労してる女はいくらもいるんだ」

いかにも父志ん生が言い出しそうなくすぐりだが、これは榎本滋民さんによれば志ん朝師匠の発案だそうだ。しかし、よく考えて見ると実に深いこと言ってる。あたしら人間でも、なまじ知恵がついてるんで苦労してるってのはいくらもいるんだから。しかし、こんなセリフだって、志ん朝師匠が言えばちっとも嫌みにならない。なんでだろう。芸の力なんだろうか、人徳なんだろうか。そのことで思い出すのは、名古屋の大須演芸場での「志ん朝三夜」というイベントのこと。客の不入りですっかり傾き、借金まみれだった大須演芸場席亭のすがるような講演依頼にポーンと二つ返事で引き受け、全国どこに行ったって絶対に見ることのできない「志ん朝三夜」という豪華な演目が誕生した、その時の志ん朝の言葉。

本音をいえば一夜二席の独演会は体力的にも苦痛になってきましたが、一門会形式にしても続けたいです。大須の前世紀の遺物みたいな親しみのある小屋が好きなのです。

そしてこの催しを何年も続けたのだから、志ん朝師匠はホントにいい人、そして本当に落語とその世界が好きだったんだろうな。結局は、芸は人を作る、ってとこだろうか。

しかし、その芸、あまり落語界のことを知らない人なら、父親が名人なんだから、父親から習ったと思うだろう。ところがどっこい、あの志ん生から噺を教わるのは至難の技だ。何しろ同じ噺なのに、昨日と今日じゃあちこち入れ替わったりするなんぞ朝飯前だったのだから。そんなわけで、志ん朝は林家正蔵（故・彦六）からみっちり一日おきに二年間、噺を教わったそうだ。志ん朝師匠自身も正蔵を「芸の恩人」とかねがね感謝していた。晩年の彦六師匠の語り口を思い浮かべると、人力車とジェット飛行機くらいスピード感が違うので、このエピソードはかえってほほえましく、どこか羨ましい感じさえしてしまう。

私みたいな駆け出しが、志ん朝師匠の芸を語るのは、かえって僭越だろう。いろいろな誉め言葉を並べるよりも、とにかく、しばらくは喪に服する気持ちで、師匠のテープやヴィデオを見直し、聞き直して、とにかく出来うる限り、骨の髄、腹の奥に師匠の噺を刻み込んでいきたい。幸い、芸に脂が乗り切っていた七六年から八二年にかけて、東京・三百人劇場で行った独演会の録音「古今亭志ん朝」（全二〇巻）が、ソニーから発売されているそうだ。

私らの世代は、円生をリアルタイムで見聞きできたことを、その喪失の際の唯一の慰めにしてきた。しかし、志ん朝師匠の場合、私らは文字通り、志ん朝で落語を知り、志ん朝落語で育ってきたことを誇りにしてきたのだ。一体、これから何を慰めにしたらいいのか。まったく見当もつかない。

ただただ今は志ん朝師匠のご冥福をお祈りするしかない。合掌。

17　談志と「らくだ」

どちらかと言えば、談志はあまり好きではなかった。あの底の浅い衒学的饒舌や露悪趣味的なナルシシズムが、というのではなく、あくまで噺家として私の趣味には合わなかったというだけのことだ。しかし、志ん朝亡きあと、さて落語の行く末はと思い至った時、この人の存在は無視することはできないように思われた。なんと言っても落語に対する愛情と情熱の点でこの人の右に出る者は、当時も今も、確かに見当たらなかったのだから。

そんな訳で、二〇〇二年春、地元の所沢で開かれた独演会に例年より早い花冷えの中を出掛けた。前座もいない独演会だから当然とは言え、いきなり談志がご機嫌をうかがう。例のごとく世相批判やら政治ネタをボソボソと繰り出す。しかし、どことなく疲れている感じ。柄にもなく客を誉める。「〔先代の〕勘九郎は可哀想だ。いくら頑張っても客があれじゃ、芸は生きないよ。その点、俺はいい客に恵まれている。実に高尚な客とのラリーを俺はやってるんだな、これが。」

そんな合間に、偽善的な思いやりはかえって差別を助長するものだとか、今は街にもテレビにも関西弁がのさばっていて気持ち悪いだとかいうような放言、それに様々な外国語やお国訛りの達者な物真似をまくらとして散りばめておいて、本日の第一席目「お国訛り」に入る。これは、大トリは滅多にやらないナンセンス前座ネタだが、談志もそれを承知で楽しそうに演じる。

ある架空の田舎村では、厠《かわや》で用を足す（今風に言えばトイレで大の方をする）ことを方言で「かんじょうする」と言い、〈かんじょう〉をしたくなったら山を越えて（なぜか）波打ち際にある「かんじょう板」にまたがって事におよぶ風習である、とさらっと振っておいてから噺に入る。そんな村の住人が旅に出て旅籠に泊まり、その番頭に〈かんじょう〉はどこでするかと尋ねる。番頭は〈勘定〉と取り違え、出立の日に纏めてお願いすると言うが、村人の方では、〈かんじょう〉をまとめてするなんてとんでもない、というように完全に食い違ったまま話が進む。挙げ句、〈かんじょう板〉を持ってきてくれというのを、気を利かした宿の者が算盤（そろばん）のことと勘違いしてもってくる。もう想像がつくでしょう。まるでスケートボードに乗っかるように算盤に尻っぱしょりでまたがった村人が宿の廊下をきょとんとしたままサーッと横切っていくという、なんとも凄まじい光景が出現したところで、「志ん生も照れながらここで止めてました」と談志はさっと切り上げる。こんな噺を独演会で演るのは俺ぐらいだろう、と些か得意げに高座を降りていって暫しの休憩。

一転して二席目は大ネタ「らくだ」を高座にかける。前々から談志の「らくだ」を聞いてみたかったので、今日は運がいい。「らくだ」という噺は実によくできた噺で、筋は大体こうである。

ある長屋に、乱暴で手に負えない無法者の馬さんというのがいる。円生の説明によれば、寛政年期には日本に初めてラクダが連れて来られたとかで、長屋の連中も厄介者の馬のことをラクダになぞらえて「らくだ」と呼ぶのが常であった。そのらくだが昨夜食べたフグに当たって死んでいるところからこの噺はいきなり始まる。たまたま同じく無法者の兄貴分がやってきて、らくだが死んだと気付いたところに、運悪く通りがかった屑屋の久六が呼び止められ、商売道具のザルや秤を取り上げられた上に、方々へ使い走りをさせられる。まず長屋の月番のところへ長屋中の香典を集めるように、また大家のところへは通夜用の酒、肴の煮しめ、飯を寄こすように、また漬け物屋へは死骸を焼き場に運ぶための樽を寄こすように、という言いつけである。もし相手が断るなら、死人を運んでいって玄関先で死人にカンカンノウを踊らせる、と脅せばいいと智恵を授かるが、それがまんまと功を奏して、すべて事が思い通りに運ぶ。

カンカンノウというのは、どうやら卑猥な歌詞を伴った歌舞らしく、そのためお上もその歌や踊りを禁じようとしたらしいが、明治に入ってしばらくまで、足かけざっと百年は流行ったものだそうだ。円生のＣＤでは、カンカンノウが上がりに歌われていて、大体どんなものか聞くことができる。

さて、そうやってらくだの死体の前に酒、肴がそろったところで、屑屋は何とかその場を立ち去ろうとするが、兄貴分が酒をつき合えと無理強いし、結局、湯飲みに三杯まで飲まされた頃から、もともと酒が高じて屑屋に身を落とした久六だけに、だんだん酔っぱらってきて、ついには大虎となって形勢逆転と相成る。談志はここで噺を切ったが、この後、屑屋と兄貴分は漬け物樽にらくだの死骸を詰め込み、焼き場へと運んでいく。しかし、途中で樽の底が抜け、酔っぱらっている二人はそれに気付かず、もぐりの焼き場に来て初めて気付く。あわてて死骸を取りに引き返し、らくだと間違えて道ばたに酔って寝ていた願人坊主（今でいうホームレス）を樽に入れて帰ってくる。あわや生き仏にされそうになったところで願人坊主が尋ねる。「ここはどこだ？」「火屋《ひや》（焼き場のこと）だ」「ヒヤ？　ヒヤでもいいからもう一杯」というサゲで終わる。

私が持っている志ん生や円生のＣＤでは、両人ともこのサゲまで噺をもってくるが、先にも言ったように、談志は焼き場がらみの部分は一切カットして、酒盛りの場面を思い切り丹念に語り込む。日頃、人間の業《ごう》を描きたいと言っている談志らしく、屑屋の久六の酒の力を借りた独白は圧巻だった。

それまで兄貴分の言いなりになって、七〇に手が届こうという病気の母と、妻や五人（談志は五人、円生は四人、志ん生は三人と言っているが）の子どもたちからなる家族のために必死になってこの場を切り抜け、その日の食い扶持を得ようとする小心で、しかしどこか小狡い生活者をしつこく描いてきた談志だが、無理強いされた酒の酔いが回り始めるにつれて徐々に久六が本音を吐き出すあたりから、高座は完全に凡百の落語家の及びもつかないところへと向かっていく。一見すると酔った久六が怒る、泣く、笑うの三上戸を繰り返す演出のように見えるが、どの落語家も語らなかったフレーズが随所に入り、談志がそこで何を描きたかったかがひしひしと伝わってくる。

たとえば、死んだらくだは屑屋の久六をいつもいたぶってきた。そして売り物にならないものを「てめえは屑屋なんだから、買え」と無理を言ってばかりきた。簡単に言えば、それは徹底した〈いじめ〉だった。それを思い出しては、悔しくて、怒り、泣く久六だが、ある時、通り雨がやってきて雨宿りを二人がしている時、らくだが「この雨を買え」と言い出した。そんな出来もしないこと言わないでくれ、というつもりで黙っていた時のことを思い出し、一息間をおいて久六が誰に言うともなくふっと、「あたしが黙っていますとね、何を思ったんでしょうね、らくださんがあたしの頭をコンとこづいてね、その後、じっと雨をみつめているんですよね、あのらくだされが。寂しかったんでしょうかね、らくださんも……」と語るところがある。これは完全に談志の創作だろう。私の聞いた限りでこんなエピソードを挿入した噺家はいなかった。

実はこの酒盛りの場面は、大いに笑いが取れるところで、この日も、談志の怒る泣くの大熱演で場内、大爆笑の渦だったのだが、そんな中で談志は、力のある者に組み伏されて、息を潜めるようにして生きている、しがない屑屋の小市民的悲哀をどの噺家よりもリアルに描きながら、さらにそればかりか、ドロップアウトし誰構うことなく勝手に生きているように見えた無法者の心底に、本人にすら気付かれることなく張り付いている虚無をも一言で描き切ってしまったのだ。これは凄い。「らくだ」という演目の中で、生前のらくだその人の心の闇の部分にまで噺を深く掘り下げた噺家を私は当夜の談志の他に知らない。やはり談志恐るべし、である。

しかし、気になることが一つある。それは、志ん朝が亡くなる一年ほど前の高座を聞いた時と同じ感じで不安なのだが、談志が老いをくどいほど気にしていたことだ。「らくだ」を演じる前にも、高座で天を仰いで「神様、うまく話せるよう、お助け下さい。声が出ますように……」としみじみ祈るのだ。それはもちろんギャグの一つではありながら、同時に本音でもあるようだ。今、彼は、病のせいでむやみに喉が乾き、声が思うように出ないらしい。涸れた喉の苦痛を隠しながらの熱演なのだろう。「俺ほど上手い噺家はいない、俺は名人だ、俺は上手い、俺は上手い」

と呪文のように自分に言い聞かせ、力づけている談志の高座姿は痛々しい。落語にしては珍しいカーテンコールの中で、「どうも最近は、あっちから志ん朝が呼んでるんだよね」と漏らした談志の言葉に、私自身すっかり動揺してしまった。もちろんその後で「どうせ呼ぶなら円楽にしてくれよ」という落ちで気を取り直したものの、頬に手を当てて小首を傾げるようにちょこんと座っているあのお馴染みの談志の姿がしばらく眼の裏に焼き付いてしまった。この独演会のサブタイトルが「いま、無性に談志」というものなのだが、『遺言』などと物騒なタイトルの本を出している談志には、しぶとく生き残って癖のある芸を語り続けてほしいと思わずにはいられない。この夜の談志は、それほど疲弊しきった後ろ姿だったのだ。

そのおよそ二年半後の二〇〇四年一一月二七日、練馬文化センターで開かれた「立川談志と若手精鋭落語家の会」を見に行くことができた。前座に立川一門の若手、立川志の吉が「松竹梅」。続いて柳家喬太郎が自身の新作落語「ほんとうのことを言うと」、春風亭昇太が古典ネタを自由奔放にアレンジした「権助魚」、中入り後は柳家花緑の「時そば」という、今から思えば夢のような豪華な顔ぶれだ。「若手精鋭落語家」と銘打たれているが、戦後最年少の二二歳で真打に昇進した当時三三歳の花緑はともかく、昇太は当時でもう既に四五歳、それでも古典芸能の世界では紛うことなく「若手」なのだ。私の所属する古典研究の世界も同様で、私などは五十代半ばまで「若手」と呼ばれていた（もちろん、私の場合は、芸の未熟さゆえなのだからどうしようもない）。

トリは言うまでもなく、立川談志。出囃子が鳴っても鳴っても、なかなか出てこない。うーむ、今日は機嫌が悪いのかな、と思ったら、例の頭をかく仕草で、客席に手を挙げながら登場。座って一声、その瞬間、一二〇〇人は入ろうかという練馬文化センターの客全員が一斉に息をのんだ。その談志のくぐもった声のなんと弱々しいことか。談志の老いを、その一声で察知した客の、声にならないどよめきが、僕には確かに聞こえた気がした。

実際、今夜の談志は、二年半前よりもっとひどかった。談志本人も、「いずれ後の世で、談志がヨレヨレになったのは、練馬の駅前のホールで落語やったあん時からだぜって、人が言うようになんじゃないの」と自嘲気味に言ってたくらいだからだ。しかし、もっとひどかったのは、マクラから噺に入ってからだった。

この夜の演目は、談志を聞いている人にはおなじみの、かなりきわどくアレンジされた談志版「短命」だ。あまりに美人でいい女を嫁にもらうと亭主は短命だ、という一般命題を、婿を取っては先に逝かれ、取っては逝かれ、ついに三人の亭主に先立たれた若くてキレイな後家さんとという具体例を介して、いかに勘の悪い話相手にわからせるか、というそれだけの噺なのだが、その噺の序盤、一人目の亭主が死んだ、という肝心のことをすっかり話し忘れて、すっぽり穴のあいたままの噺をしばらく、のらくらと話していたという次第。舞台裾から注意されたのか、「あっ、俺、一番めの亭主が死んだって言ってなかったっけ？ 言ってねぇよな、いってねぇよ。なんだよ、じゃ、噺をもう一回、もとに戻さなきゃなんねぇな。え、どこまで戻す？」

そこで、マクラで振っていたフレーズにまで話を戻して、場内は結構ウケはしたんだけれど、客のほうも、まさか談志が噺の段取りを落とすなんて、信じられない、信じたくない、きっと夢だ、これは、といった心の動揺を隠し切れない様子。

例のごとく、カーテンコールの後、談志が珍しく「あんな風に噺を途中で落とすようじゃ、昔は、それだけで命取り、致命傷だったんだよな」と談志らしくない台詞。その後、「テレビの珍プレー特集だとかNG特集のおかげで、今はそんなことはなくなっちまったけどね」と皮肉を言って笑いを取るものの、やはり今夜はなんだかすっかり精彩を欠いた談志だった。

この時、談志は六八歳。それからというものは、病や老いからくる衰えのなかでの談志の死に物狂いの闘いが始まる。今の私とほぼ同じ年齢だけに、以前できたことがどんどんできなくなっていくもどかしさや辛さは、痛いほどよくわかる。そんな中、二〇一〇年一二月に一世一代の「芝浜」を演じた後、ほどなく声門癌の進行によって声を失い、翌二〇一一年一一月二一日に七五年間の波乱に富んだ生涯を終えた。よきライバル志ん朝が没してちょうど一〇年後のことだった。

18　操作する生・操作される生

悲劇に潜む操作

二〇〇四年一月に、蜷川幸雄演出の「タイタス・アンドロニカス」を観た(1)。シェークスピア作品の中でもめったに舞台に乗せられることのない最初期の悲劇だが、それもそのはず、生首だの切り落とされた手首だのが舞台にゴロゴロ転がる凄惨で血なまぐさい復讐劇はそれだけでも酸鼻を極める。挙句の果てに仇敵である女性にその息子の血と肉骨紛入りの人肉パイを食べさせるところまでエスカレートしていくのだから、演じる側も観る側もある種の気合が要るエゲツナイ劇なのだ。(そんな悲劇を、一体どうやって観客に提示するのか、蜷川の手腕が問われるところだが、今回はその点には触れない。)

確かに荒唐無稽な復讐劇だが、それを構成する主要人物は、各人各様の大義を担っている。渾身の嘆願を聞き入れられず、目の前で息子を切り刻まれ生贄として焼かれた母タモーラの殺害者タイタスへの怒り。最愛の娘をタモーラの息子たちによって陵辱され、その上世間への漏洩を防ぐために両手と舌まで切り落とされた父タイタスのタモーラ親子への怒り。その肌の色のために差別され人間以下の者として蔑まれ続けてきたムーア人青年エアロンの鬱屈した怒り（彼こそはすべての復讐劇の仕掛け人なのだが）。そうした憤怒が絡み合うとどうなるか。そこには血で血を洗う復讐と陰謀しかないのか。不幸なことに私たちは今、確かにこうした復讐の連鎖を必ずしも虚構とは思えないような時代に生きている。しかし、そうは言っても出てくる人物がここまですべて因果の糸で結ばれていくことなど普通はあり得ない。いくら米国の対テロ報復戦争が短絡的だと言っても、その復讐の原因はブッシュの娘をフセインの息子がレイプしたからだとか、実は影でその手引きをしたのはラムズフェルトだとか、そんな直接的な人間関係から引き起こされるなんてことは現実にはあり得ない。あり得ないことが起こるからこそ芝居は面白いのだ。

古代ギリシアの哲学者アリストテレスは、悲劇論を中心的に扱った著書『詩学』第二四章の中で、悲劇作家たるもの、「可能だけれどありそうに思われない事柄よりも、実際には不可能なのにありそうな事柄のほうを選ぶべきである」(2)と語っている。観客の予期に反するあり得ないはずの出来事が、しかもありそうな仕方で起こるからこそ、そこに驚きが生まれ、恐れと憐れみといった感情が引き起こされる。そこから心の浄化（カタルシス）もまた得られる、という話はご存知の方も多いと思う。しかしここで注目したいのは、およそ〈あり得ないことをありそうに〉語る、という厳密に言えばそれ自体矛盾した表現の方である。

事実は小説よりも奇なり、という言葉は確かに的を射ているが、しかしそれはあくまで例外的な事態について言えることで、たいていの場合、事実は起こるべくしてあり得べき仕方で起こるのであって、あり得ないことは起こらないものである。だからこそ、そうした実際に起こるべくして起こった出来事をただ舞台に乗せてもちっとも面白くないのである。そうかと言って、そもそも不合理であるがために決してあり得ない出来事を見せられても、観客はただ戸惑うばかりであろう（「シュールだなあ」と悦に入る人もいるかもしれないが）。となると詩人や悲劇作家、もっと広く言えば物語作家が採らねばならぬ途は、あり得ないがありそうな、という語り方しかないことになる。

しかし、人類はなぜ大昔から演劇、もっと古くは神話や民話などの物語というものを必要としたのだろうか。ひょっとすると、ここにはある種の倒錯があるのかもしれない。すなわち、現実のあり方を物語的虚構の中に再現したのではなく、逆に物語的虚構の中で、つまり実際には「あり得ない」空間の中で、「ありそうなこと」を学び、体得することによって、現実空間をもそのような「ありそうなこと」の展開する場としてみなすようになったのではないか。言い換えれば、人類はそうやって自らのものの見方、いわば世界観を形成してきたのではないか。もしそうだとすると、そこには人間の側からの世界の現れに対する介入、加工、操作といったものが既に予め潜んでいたとも言い得るかもしれない。たとえば悲劇作家は、現実には起こり得ない事柄（ほんの数人の間にドミノ倒しのように繰り広げられる因果応報）に手を加え（manipulate「操作する」）＝manus「手」＋pleo「実現・遂行する」）、「ありそうな」物語に変換していく。それを観客は喜んで見、そこから学んだ世界の見方を本来そんなことが不可能な現実の世界に当てはめることによって、そこを「ありそうなこと」の起こり得る場として〈再〉発見していく。私たちは決して世界をあるがまま、自然のままに見てなんかいない。まるで物語や劇場の中で観た光景をなぞるかのように世界の出来事を「ありそうなこと」としてなぞり直すのだ。このように、もっとも根本的な世界との関わりにさえ、実は広義の操作と呼べる人為的営みの痕跡が見出せはしないだろうか。

意図せざる情報操作——歴史の場合

遺伝子操作、情報操作、株価操作……など、自然な事の運びに外から手を加え、その本来の方向性に何らか変化を与えることが「操作」の一般的規定であるとすれば、その動機や目的が不正な場合、「操作」は自らの利益のみを考慮し不当に介入しては周囲に悪影響を及ぼすものとなるだろう。しかし、前節でも触れたように、人間はそうした意識的な操作とは別に、既に予め〈操作された生〉のうちで生きざるを得ない存在であるのかもしれない。一例として、人類の過去の記憶＝歴史についてその事情を探ってみよう。

アリストテレスは先に挙げた『詩学』において、実際にはまだ起こっていないことをいかにも起こりそうな仕方で普遍的に語る悲劇などの詩作術と異なり、歴史は「既に起こったこと」を個別的に記述するものと規定していた（第九章）。しかし事はそう単純ではない。なにより、悲劇や物語などのフィクションに対して真実を記述した歴史という二分法自体、実はそれほど確固としたものではない。むしろ、歴史的テクストによって報告された出来事が、現実に起こったことだと信じられているのは、一体なぜなのか、そのこと自体がまず問われるべきだろう。たとえば、歴史を記述する際に古典古代の歴史家たちが何にもっとも留意していたのか、その点を探ってみると、この問いがなぜ殊更に問われねばならないのかという背景がよく見えてくる。

ポリビュオスはストラボンに引用されて残存している『歴史』断片において、ホメロスが単なる神話語りではなく、真実に満ち溢れた詩を語る点でむしろ歴史家でもあるのだと主張しているが、その際のキーワードとして「エナルゲイア（ありありと現れること）」という語を挙げる。つまり、戦闘場面での細々とした事実の列挙によって、ホメロスがその光景をありありと再現し、聴衆（読者）にいきいきとした印象（エナルゲイア）を与えることによって、その描写には歴史としての真実性が宿るというのである。この事例を引いているカルロ・ギンズブルグ(3)の言葉を借りれば、「歴史家は、読者を感動させ納得させるためにエナルゲイアを用いつつ、自分の提示することを真実として通用させるのだ、というのが古典古代の考え方であった」。

さらに古代ローマの修辞学の伝統において、その「エナルゲイア」というギリシア語はキケロによって「生彩を放ちありありと現れること（inlustratio et evidentia）」、ついでクインティリアヌスによって「ありありと物語ること（evidentia in narratione）」というようなラテン語へと訳されていった。つまり弁論家と同様に歴史家は、聴衆の目の前には存在しない時空を異にする過去の出来事を、あたかもそれが眼前で今まさに繰り広げられているかのようにありありと物語ることによって、自らの経験したことを（たとえ間接的に聞き知ったことであっても）真実として聴衆（読者）に提示（demonstratio）してみせるのである。このように古典古代にあっては、ありありと語ることのできる修辞的な能力、つまりは自らの見聞に手を加え、ある意味で言葉による表現操作をすることによって、真実性が保証されていたとも言えるのである。その限りで、事実と物語的虚構との境界線は私らが思っているほど明瞭なものではなかったのである。

もちろんこうした物語史観だけがすべてではない。モンテーニュならずとも、「ありそうな事柄でも、絶対まちがいないと言って押しつけられると、わたしは途端に嫌な気分になる」（『エセー』）という面が誰にでもある。再びギンズブルグの表現を借りれば、古典古代にあって歴史の真実は「ありありとありそうな仕方で物語ること」つまりevidentiaに依拠していたのだが、私たちにとってそれは客観的な「証拠（evidence）」に依拠しているのである。だから、いわくありげな修辞などかえってウソっぽいというわけだ。

だが、客観的な証拠とは一体何だろう。聴衆の想像力に働きかけて、あたかもそこにあるかのごとくまざまざと立ち上げさせる物語の力に対比させられるものといえば、やはりテレビのニュース映像ではないだろうか。リアルタイムで送られてくる映像はもちろん、過去のニュース映像を見ても、それが真実の記録であり、その時代の客観的な証拠だと誰もが思ってしまう。さらに客観的な証拠として、様々な統計資料を挙げることもできるだろう。確かに私らは、しかるべき条件の下で精確に数値化されたデータをむやみに信用してしまうきらいがあるが、映像や数字が厳然とした事実の守護神とみなされるケースは実際多々あるのである。そのことを軽視するつもりはない。しかし、映像や数値が世界中に張り巡らされたネットを通じて瞬時に取り込める環境にあって、不正な情報操作やフェイク・ニュースということが騒がれ出したのは、そうした客観的であるはずの映像や数値に関してではなかったか。

問題とさるべきは、物語的虚構と客観的証拠のいずれを採るか、という二者択一などではない。故意になされた不正な情報操作に対処し得る能力というのは、単なる情報リテラシーに留まるものではなく、むしろ「ありそうに見える」事柄はすべて、「ありそうに見える」ように操作された結果、あたかも事実であるかのごとく見えるだけなのであって、人間の手が加わらない「裸の事実」などというものは実はない、つまり物語的虚構と客観的証拠とは常に相互貫入的な緊張関係にあり続ける、ということを洞察する能力に他ならないだろう。もしそうだとすれば、私たちは物語的虚構と客観的証拠の閾的領域、つまり予め操作された生の領域（それを「文化」と呼ぶこともできよう）を、自らも想像的に介入しつつ生きていかざるを得ないのではないだろうか。

生物進化の操作

今日、もっとも操作の是非が問われる分野の一つといえば、それは生物学・医学・農学などからなる広義の生命科学であるだろう。遺伝子組み替え技術の急速な進歩によって、人類は様々な生き物の遺伝子に操作を加え、自分に都合のよいように改造し始めている。イネ、コムギ、トウモロコシ、ダイズなどの主要農産物や家畜、養殖魚など、実に広範に遺伝子の操作が現に行われている。マラリアを撲滅するために、マラリア原虫を運ぶ蚊の遺伝子を操作して、マラリアに感染しないよう改造した蚊を野生に放ち、それと交配させることによって、すべての蚊をマラリア耐性蚊にしようという途方もない計画さえ実際にあったそうである（ただし、その実現には多くの問題が残るだろうというのが、専門家筋の見方ではあるらしいが……）。さらにクローン技術の進歩は、ヒツジやネコのクローン化に成功するところにまで来ている。

生物学の祖とも言い得るアリストテレスにとって、生物学とは文字通り観察の学であったのだが、加藤和人によれば、一八世紀にヨーロッパに勃興した実験生物学によって、「生物を『生きたまま』実験的に操作し、操作した結果を解析することによって、生物の成り立ちや仕組みを探ろう」とする新たな方法が開拓され始めた（『変異するダーウィニズム』所収論文五六八頁）(4)。たとえばザリガニの脚やハサミを切除しても再生することがそうしたいわば生体実験によって発見されていったのである。加藤によれば、一七六〇年代、パリのサロンでは、カタツムリの頭を切っても再生するという再生実験がちょっとしたブームになっていたそうである。

一見するとかなりグロテスクな実験生物学も、実験技術等の進歩によって、遺伝子のような微視的なレベルでの生体実験へとその場を移していき、〈生きたまま〉操作することへの抵抗感はかなり薄らいでいったようである。しかし、こうした実験操作によって自然界には存在しない生物が作り出される以上、研究室や養殖場の中からそれら改造生物が自然界に放出されてしまった場合の生態系への影響については、私らの予想を越えた深刻な事態さえ招来しかねない。そうした懸念を研究者自ら検討すべく一九七五年に「アシロマ会議」が米国で開催され、あくまでも理性的な抑制の下に研究を置くことが確認された。

このように見ていくと、生命への操作的介入も、理性的抑制の下、実験室などの密閉された空間でなされる限り、安全であると思われるかもしれない。しかし、ここでも問題になるのは、そうした限定された意味での操作ではなく、もっと一般的な意味での操作である。つまり人間というものが、本来の自然の流れに介入し、自ら操作せずには生きていけない動物である、という事実を思い起こさねばならない。たとえば、現在の地球で進行中の生物種の絶滅の規模は、六五〇〇万年前、恐竜が絶滅した時の地球規模での大絶滅に匹敵するそうである。しかし、それは実験生物学の自然介入など問題にならない程大掛かりな、人間が生きていること自体が地球上の生態系に及ぼした影響に他ならないのである。

それはなにも現代の技術文明社会がもたらした影響に留まらない。もっと根本的な自然への介入、操作は、野生植物の栽培化に見出すことができる。ジャレド・ダイアモンドによれば、世界でもっとも早く食料生産が開始されたのは、メソポタミアの肥沃三日月地帯で、紀元前七千年頃にはもう既に農耕が始まっていたそうである（『銃・病原菌・鉄』）[5]。人類が一体いかなる条件の下で農耕を始めたか、考えてみるとこれは確かに実に興味深い問題である。おそらく農耕以前、人類は狩猟採集によって生活していただろう。自然に成っている野生植物の実や茎や根など、食せるものは何でも食べていたに違いない。野生種には、毒キノコやアーモンドのように致死的な有毒成分をもつものや、硬くて食用にならぬものも多い。しかし、現在の農作物の多くの祖先である顕花植物に限っても約二〇万種にも及ぶ中から、大昔の人類は一体どうやって栽培できる植物とそうでないものを見分けられたのだろうか。いや、そもそも「栽培」ということ自体を一体どうやって思いついたのだろうか。

こうした謎については、ダイアモンドが鮮やかに解明してくれるのだが、ここで私たちにとって重要なことは以下の指摘である。すなわち「人類による植物の栽培化の過程は、もとになる野生の植物を育て、意識的に、あるいは知らず知らずのうちに遺伝子に変化を起こさせ、自分たちの利用しやすいものにするという継続的行為の積み重ねである。」（同上書）。このことをさらに突き詰めるならば、人類が農耕を始めて以来、この地球上の生物には、自然淘汰のほかに人為的な淘汰が常にかかっていたことになる。なぜなら、世界各地でなされる農耕は、密閉された研究室や実験室の中での営みではなく、文字通り自然環境へと開かれた営みであり、野生種から栽培種への遺伝子変化は、その生態系へ絶えず影響を与え続けるからである。少なくとも農耕の面だけに限っても、人類は今から一万年近く前から地球上の自然に、意図せざる形で操作を与え続けてきたのだ。そして、彼らの子孫である私たちは、そうやって代々操作され続けてきた生の領域で、私たち自身も様々なレベルでの操作を行いながら生きているのである。

いかなる操作であれ、不正な操作がなされないように常に監視し続けていくことは、当然、なされねばならないことである。しかし、人間がもともと操作された生をしか生きられないとすれば、人間が自然に対して根本的に暴力的で加害的な存在であることを自覚することもまた必要であるだろう。

註

（1）蜷川演出によるこの作品は、二年後の二〇〇六年に国内で再演された後、同年六月に英国ロイヤル・シェークスピア劇団主催のシェークスピアの全作品を上演する壮大な企画に招かれ、好評を博した。
（2）アリストテレス『詩学』第二四章（拙訳）。
（3）カルロ・ギンズブルグ（上村忠男訳）『歴史を逆なでに読む』みすず書房、二〇〇三年。

（4）阪上孝編『変異するダーウィニズム——進化論と社会』（京都大学学術出版会、二〇〇三年）所収、加藤和人「必然としての『進化の操作』——現代社会における人と自然の行方を考える」。
（5）ジャレド・ダイアモンド（倉骨彰訳）『銃・病原菌・鉄』上・下、草思社、二〇〇〇年。

19　ブランチ（「欲望という名の電車」）とウィトゲンシュタイン

蜷川幸雄演出、大竹しのぶのブランチで「欲望という名の電車」を観た。テネシー・ウィリアムズの戯曲を読んでいたときには、今一つはっきりしなかったこの芝居の核心が、大竹の入魂の演技で見えてきたような気がする（と言っても完全に哲学呆けしたこじつけに過ぎないのだが）。あまりにも有名な、ブランチの最初の台詞、

「欲望」という名の電車に乗って、「墓場」という電車に乗りかえて、六つ目の角でおりるように言われたのだけど「極楽」というところで。

そして、最後の方でミッチに正体を暴かれそうになる場面での彼女の台詞、

真実なんて大嫌い。

私が好きなのはね、魔法！　真実を語ったりはしない。私が語るのは、真実であらねばならないこと。それが罪なら、私は地獄に堕ちたってかまわない！


この二つの台詞を手がかりにしながら考えてみたい。

ブランチにとって、欲望とは、この世界の真実であり、彼女自身の真の姿でもある。しかし、欲望を嫌悪する彼女は、この世界の真実すなわち欲望を否定し、虚構の世界に救いを求めようとする。それは彼女にとって、真実で〈ある〉世界ではなく、真実で〈あるべき〉世界として、完璧に道徳的な完全な世界、つまりは「極楽」である。しかし、その「極楽」へは、「墓場」すなわち〈死〉を経由せねば辿り着けない。と言うことは、〈死〉の彼方へと飛び降りた時、そこが実は「極楽」なのか「地獄」なのかは我々には知り得ないということだ。少なくとも一つだけ確かなことは、真実で〈あるべき〉世界が真実であるか否か（極楽か地獄か）は、真実で〈ある〉世界の〈真実〉、つまり〈欲望〉からしか測られないということだ。

自分の生きているこの世界の真実と自身の肉体の真実である〈欲望〉に忠実であることは、彼女にとって忌避すべき事態であった。そうした（自己）嫌悪感は〈死〉の彼方から生温かい風のように吹いてくる。真実ではなく、真実であるべき美しい秩序の国。しかし、ステラとスタンリーの住むこの町〈極楽〉は、〈死〉の彼方ではなく、〈墓場〉を乗り継いで〈死〉の鼻先をかすめ戻ってきたもとの現実つまり〈欲望〉の町に過ぎなかった。

こうして、これまで幾度となくブランチは〈欲望〉を忌避し、〈死〉の彼方へと命がけのジャンプをしながら、着地した〈極楽〉は元通りの〈欲望〉の世界、だから、またその〈欲望〉を忌避し、……と虚しく繰り返してきたのだ。なぜそうなのか。それは彼女の欲望が〈剥き出しの欲望〉だったからではないか。

隠蔽された欲望は〈剥き出しの欲望〉を排除する。隠蔽された欲望は真実にそうある〈事実〉に過ぎない。しかし、〈剥き出しの欲望〉は真実に〈あるべき〉ものであり、その限りで真に道徳的である。だからこそ、隠蔽された欲望のシステム（現実の道徳）は、真の道徳を排除することによって、自身の存在を保持しようとする。剥き出しの欲望を排除するシステムこそが道徳であるかのように。しかし、実際には、それは偽りの道徳なのだ。

では、〈剥き出しの欲望〉の場はどこにあるのか。剥き出しの欲望が欲望である限り、その餌食を求めるのはやはり欲望の世界でしかないのだ。嘘は真実と対比されて初めて嘘になる。同様に、真実で〈あるべき〉世界の実現は、結局、真実で〈ある〉この事実世界においてしか果たされない。かくして〈剥き出しの欲望〉はその〈真実にあるべき〉自身の実現を求め、絶えず〈隠蔽された欲望〉へと送り返される。そして排除されるのだ。こうした循環運動が〈隠蔽された欲望システム〉の側から定点観測される時、それは〈狂気〉と呼ばれる。

〈剥き出しの欲望〉とは、善悪の彼岸にたつ真の道徳なのだ。しかし、現実の道徳的社会〈隠蔽された欲望のシステム〉は、それを排除し、排除することによって自らの欲望をますます隠蔽していきながら、しかし同時に、そうした排除―隠蔽連鎖を絶やさぬため、〈剥き出しの欲望〉を排除しつつそれを新たに〈狂気〉として囲い込むことにも専念する。

〈欲望〉の生とは、それがたとえ剥き出しであろうが隠蔽されていようが、いずれも〈死〉をその対概念とすることはなく、〈隠蔽〉による〈剥き出し〉の排除、すなわち真実であるものによる〈真実であるべきもの〉の、日常による非日常の、生による性の、現実による夢の排除の過程そのものに過ぎないのだ。

と、ここまで考えてきたら、私はなぜかデレク・ジャーマン監督の映画「ヴィトゲンシュタイン」を思い出してしまった。それはきっとこんな風に繋がっていたからかもしれない。

ブランチの〈剥き出しの欲望〉を〈剥き出しの知への欲望〉と読み替えるならば、ブランチの循環の図式は、ぴったりヴィトゲンシュタインのそれと重なるのではないか、そんな気がしたのだ。つまり、世界を完全に写像しようとした（初期）ウィトゲンシュタインは、自らの過剰な知への欲望によって世界の外部へと立とうとする。しかし、世界は、自らが自己へと差し向ける〈知への欲望〉を隠蔽すべく、彼のそうした〈剥き出しの欲望〉を排除する。そうやって〈真実である世界〉ではなくて〈真実にあるべき世界〉を模索した彼の軌跡は、『論理哲学論考』に纏められたものの、彼はその完璧なまでの〈氷原〉にとどまることはできなかった。この映画の最後に火星人役の怪優ネイビル・シャバンが発する台詞（共同台本はあのテリー・イーグルトンだ！）を借りれば、〈真実である世界〉の謎を解こうとした者は、その世界の外部へ、すなわち〈真実であるべき世界〉へと出なければならない。しかし、そこにはもはや謎はない。そこはあまりに完璧でツルツルな氷の世界だったのだ。

彼は、もっとザラザラな世界を求め、もといた〈真実である世界〉へと舞い戻る。それが『哲学探究』だ。しかし、彼がそこに満足しただろうか。彼は決してあの完璧な氷の世界への〈剥き出しの欲望〉を捨ててはいない。だからこそ、彼は再び〈隠蔽された知への欲望〉によって〈真実である世界〉から排除されるのだ。ブランチと同じように狂気という烙印を押されたループを描きながら。ザラザラの大地にも、ツルツルの氷原にも、どちらにも自分の居場所を得られず、いつまでも彷徨い、魂の底から救いを求めつつ。彼にとって、「マタイ福音書」がどれほど大きな意味をもったか、それを思うとなぜか痛ましい。〈ウィトゲンシュタイン〉は〈ブランチ〉だったのだ。彼らは哀しいほど道徳的なのだ！

しかし、彼らは鏡に映った私らではないか。私らは、自らの欲望を隠蔽すべく、自らの剥き出しの欲望を排除し、その一方で、自らの外部から欲望の排除された自己を愛そうとしてかなわず、絶えず自分自身の欲望から疎外され、結局、両義的な生のゲシュタルト的転換の中をどうやら辛うじて生き抜いているのではないか。だとしたら、それも又、痛ましいほどに道徳的であろうとして、結局かなわぬ姿なのかもしれない。

参照書

テネシー・ウィリアムズ（小田島雄志訳）『欲望という名の電車』新潮文庫、一九八八年。

20 「三人姉妹」を追放されしトゥーゼンバフの物語

二〇〇二年春、新国立劇場で「『三人姉妹』を追放されしトゥーゼンバフの物語」（作・演出、岩松了）を観た。結論から言えば、この舞台はとてもチャレンジングだが、やはり失敗作と言わざるを得ないと思う。客席に絶えず澱んでいた溜息、失笑、ひそひそ声は、観客の戸惑いと失望、そしてその挙げ句の拒否をきっぱり宣言していた（私の周りにも何人か途中で席を立つ人がいたくらいだ）。何人かの役者の技術面での問題も確かにあった。しかし、一番根本的な問題は、あまりに演劇的、あまりに劇作家的なアイデアを詰め込めるだけ詰め込んでしまい、結局、自己破綻せざるを得なかった岩松の本自体にあることは明白である。だが、と言うべきかあるいはむしろ、だからこそ、私自身はこの芝居が心底とても面白かった。まるでアフォリズムの寄せ集めのように拡散しながら旋回する岩松の言説運動、そこから振り落とされた役者と観客のヒステリックな苛立ち。まるで笑いを取れず、ひたすら凍りつくような拒否空間を紡ぎだしていくだけの喜劇のようで、ヒリヒリと灼けるように緊迫した舞台。そう、「これこそチェーホフだ」と岩松は言いたかったに違いない。

チェーホフの「三人姉妹」の中で、トゥーゼンバフは本当に惨めな脇役だった。三女イリーナの婚約者でありながら、彼女から「愛していない」と告白され、それでも夫婦として生活していくことにようやくイリーナの心が決まったそのときには、恋敵との決闘で彼が撃ち殺されたことが、遠く聞こえた銃声の事後報告のようにして告げられてしまうのだ。極めつけは婚約者の死を聞かされた時のイリーナの台詞だ。彼女は婚約者の死に対する一切の感情を自らの内に巧妙に隠し込んで、たった一言、「私、わかってた」と答えたのだ。これはとてもチェーホフ的な台詞だ。しかし、一体何が「わかってた」のか。岩松の〈こだわり〉は、この一点から発し、この一点だけに収斂する。この〈こだわり〉を共有できない限り、岩松のこの芝居は絶対に面白くない！

では、イリーナのこの「私、わかってた」という台詞に一番こだわりをもつ登場人物は誰だろうか。それは他でもない、その一言で「三人姉妹」の物語空間から追放されてしまったトゥーゼンバフ当人だろう。婚約者が、まがりなりにも自分との関係の故に死んだというのに、涙一つこぼさず、「私、わかってた」とただ一言しか言葉を発しなかったのだ。それでは死んでも死に切れまい。と言うわけで、岩松は、このトゥーゼンバフが実は死んではいなかった、というとんでもない設定を考えついた。決闘で撃ち合いをして落命したという体《てい》でそのまま立ち去ってくれ、と〈誰か〉に命じられ、そのまま「三人姉妹」の物語空間から消えてしまったのだ。では、彼は一体どこへ行ったのか。

一九〇一年、チェーホフの創作した虚構の中で「まだ三十歳にもなりません」と言っていたトゥーゼンバフが、その虚構から追放された挙げ句、やって来たのは、なんと一九四六年のアメリカだった。そこには、「ガラスの動物園」で大成功を収め、翌年には「欲望という名の電車」を書き上げるという、まさに売り出し中のテネシー・ウィリアムズがいた。そして、大評判で満員の「ガラスの動物園」公演劇場の向かいで、ほとんど客の入らない「三人姉妹」を上演している劇場があった。今、まさにラストシーン、舞台上の三人のもとに軍医のチェブトゥイキンがやって来て、トゥーゼンバフが決闘で死んだことを告げる。イリーナは表情を変えることもなく呟く、「私、わかってた」。その台詞を閑散とした客席で聞くトゥーゼンバフ。それが、岩松のこの芝居の冒頭シーンだ。つまり、トゥーゼンバフは、ほぼ半世紀の時間を超え、「三人姉妹」とは別の物語の中へと迷い込んできた、という趣向だ。

どうです、だんだん混乱してきたでしょ。しかし、この芝居には、まだ仕掛けがある。トゥーゼンバフが「わかってた」という呟きの真相をイリーナ本人に問いただそうとして、毎日、

「三人姉妹」を演じているその劇場にやって来ていたという段階で、もう既に虚構と現実も、一九〇一年と一九四六年も、ぐじゃぐじゃに入り交じって錯綜しているというのに、さらにその劇場には三人のイリーナが絡んでいるのだ。一人はイリーナ役を演じている女優イリーナ（戸田菜穂）、もう一人はその劇場で売り子をしており、そこに毎日通うトゥーゼンバフに恋心を抱くイリーナ（荻野目慶子）、そして三人目がその街で長年客をとってきた中国系の娼婦イリーナ（李丹、好演）。しかし、これだけではない。この三人のイリーナとトゥーゼンバフを奇妙なズレをもって繋ぐ位置に、この芝居の作者である岩松自身が演じるテネシー・ウィリアムズが非常に居心地悪そうにいる。ご存知のようにゲイでありヤク中であった彼には、稚児さんのような少年秘書がいる。そして、地下道には、どう見ても「ゴドーを待ちながら」のパロディーとしか思えない二人の浮浪者が狂言回し役として配置されている（ちなみに岩松は、チェーホフを非常に敬愛しているが、作家のスタイルとしてはベケットに近いとプログラムのインタビューに応えている）。

　通常の舞台の位置から、さらに客席に大きく飛び出した非常に奥行きのある長方形の舞台を三方から客席が囲む。客席に近い側の矩形の舞台上に二つ、奥の舞台前のわきに一つ、計三つの階段が、頻繁になされる役者の出入りを可能にしている。場面ごとに置かれる椅子や机を除いて、他の一切余計なものを排除した舞台は極めて抽象的で、だからこそ照明の魔法で面白いように機能する。舞台美術は、二〇〇一年のマイケル・フレイン作「コペンハーゲン」（鵜山仁・演出）で理論物理の世界をそのまま舞台に視覚化することに成功した、あの島次郎だ。

では、その後、この芝居はどのような筋をたどっていったのか。実を言うと、私としては、多層的に錯綜したこの芝居の粗筋にあまり興味はない。むしろ、〈三人のイリーナ〉という設定が一体どんな意味をもっているのか、その点が気になって仕方ない。したがって、〈三人のイリーナ〉という設定がこの芝居においてもつ意味を解き明かす形で話を進めてみたい（ただし、いつものことではあるが、以下はあくまで私個人のこじつけに過ぎないということを予め断っておく）。

まず、女優イリーナは文字通り演技者の位置に立つ。虚構を〈演じる〉者という位置づけが逆説的に彼女を極めて現実的な存在にしている。この芝居でも、女優イリーナはイリーナという役を演じること、つまりチェーホフの呪縛に対して常にヒステリックに抵抗し続けることによって、テネシー・ウィリアムズの（劇中の時点での）次回作「欲望という名の電車」のブランチ・デュボワのモデルになり得た、という伏線を岩松はしっかり描き込んでいる。虚構のモデルは少なくともその限りでは相対的にリアルなのだから。

対して、娼婦イリーナは、もっとも現実的なようでいて実は一番ヴァーチャルな存在である。彼女の台詞でとても印象的なのは、「感じる、私の身体を。これが私の無駄よ。……あなたはこの無駄を愛せる?」というところ。自身の身体を〈無駄〉として切り捨て、〈観念と寝る〉ことによって、逆説的に身体を売る商売を続け得ている娼婦イリーナ。女優が生身の身体を晒すのに対して、娼婦は〈観念と寝る〉ために身体を〈想像〉する。娼婦イリーナは子供の産めない身体だと言う。しかし、無数の男たちの胎動をお腹の内から突き上げる陣痛として感じるとも言う。娼婦イリーナが〈観念と寝る〉ために〈想像〉する〈身体〉とは、虚構上に産み出された想像上の人物たちなのだ。つまり、娼婦イリーナは劇作家岩松の分身に他ならない。

では、売り子イリーナは誰だろうか。役者と劇作家がそろえば、残りは言うまでもない、観客である。売り子イリーナは、トゥーゼンバフに恋をする。観客とは、劇作家が創り出し、役者が演じる人物にいわば恋をする存在なのだ。売り子イリーナの印象的な台詞はこうだ。互いに半日ずつ部屋を占有しながら、相手について何も知らないルームメート同士は、お互い自分の生々しさを部屋の中に残さない暗黙のルールを築き上げてきた、だからこそ「感じられるのは、相手の気配だけ!」。観客が恋しているのは、劇作家の意図でもなければ、役者の生身でもない、まさにそこに演じられている〈気配〉なのだ。観客は決してその〈気配〉をもたらす実体を求めようとしてはならない。それが芝居のルールなのだから、というわけだ。

結局、トゥーゼンバフが迷い込んで来たのは、劇作家と役者と観客が織りなす歪んだトライアングルの中だった。ラストシーンがとても印象的で素晴らしい。深い奥行きの舞台上、一発の銃声が鳴り響く。客席に一番近い位置で女優イリーナが、撃たれて倒れ込んだトゥーゼンバフを抱え込む。撃ったのは舞台中程にいる売り子イリーナだ。そして舞台奥では、よく理科室に置いてある半分内蔵が見えている人体模型（それはチェーホフを暗示しているとしか私には思えなかった）を相手に踊る娼婦イリーナ。トゥーゼンバフは女優イリーナの位置で、つまり〈役者〉として、売り子イリーナつまり〈観客〉によって、「三人姉妹」において既に予め死んでいた死をもう一度死ぬ。彼の最後の台詞はまさにイリーナのそれと重なる。

「わかってた！」

少なくとも彼にとって、謎は解けたのだろうか。舞台奥で娼婦イリーナつまり劇作家岩松は、〈無駄な〉身体を人体模型のように削ぎ落とし、観念そのものと化した〈チェーホフ〉の前で踊っている。と思う間もなく、三人のイリーナが舞台上に一本の線を結ぶように一連なりに重なって暗転。見事なエンディングだ。最後まで我慢してこの難解な芝居を観続けた観客にとって（少なくとも私にとっては）、このエンディングに立ち会えたこと自体がこの上もないカタルシスであった。

参 照 書

アントン・チェーホフ（小田島雄志訳）『三人姉妹』白水社、一九九九年。

21　句集『眠るまで』を読んで

ここ最近、読むというよりかは、何度も眺めている、といったほうがぴったりくるような本、それが茅根知子（ちのね・ともこ）さんの句集『眠るまで』である。

私は俳句にはまったく縁のない門外漢だし、タイプとしては完全な散文派なんだけれど、たまたま

いつか死ぬ人を愛する涼しさよ

という句に出会って、その句が収められている句集もなんとなく気になってときどき暇をみては引っ張り出して眺めているというわけなのだ。

今から言うことは文字通り俳句の素人が、わかりもしないのにエラソーに言うことなので、ま

あ笑って聞き流していただけたら幸いである。

この句集、二〇〇〇年から二〇〇三年までの四年間に詠まれた句を春夏秋冬に配したもので、通読すると季節が四度めぐることになる。私ら研究者も原稿書きのはしくれではあるが、五・七・五の一七文字が一頁に二句ずつ配置されている句集というタイプの本の作りは、要するに一頁三四文字で改頁という、驚くほど禁欲的な、しかし紙資源の保護という観点からすればものすごく贅沢な仕立てである。

そもそも人が言葉を発するということは、私が誰かに言葉を語りかけているということであると同時に、その言葉をほかならぬ《わたし》に向けて誰かが語りかけている、そういう言葉としてまずもって私が聞くことでもあるのだと思う。語りかけている私と、語りかけられている《わたし》は、このとき、互いに他者として向き合っている。言葉を語る私の中には、その言葉の発語がまずもってそこへと宛てられている最初の他者としての《わたし》が、ちょうどバレーボールの「一人時間差」みたいに、私の中で一人二役の身振りによって、語るそのたびごとに決して超えることのできない溝によって切り出されているのだ。

つまり自己のアイデンティティなんてものは、最初から私のうちにあるわけではなくて、むしろ、もともと自己分裂している私と《わたし》が、言葉を双方に向けて発しあう中で、いつしか同調し合ったような気になることから生じた、いわば錯覚みたいなものなのではないか。日記などというものも、そのような錯覚を増長するためだけの文学装置なのかもしれない。

私が発したはずの言葉が、誰か他者から《わたし》に向けて発せられた未知の言葉としてひとまずは聞き入れられるということは、（実は自分が発したはずの）その言葉の意味を理解しようとすることによって私は《わたし》へと接近することができるということでもあるはずだ。なぜなら、《わたし》はそのようにして（彼にとっての）他者である話者＝私の言葉を理解しようとするはずなのだから。

さて、そうした一人時間差的言語ゲームの記録がいわば散文といわれる形態なのだとすると、そうした散文を語ることの目的は、話者である私にとって未知の他者である《わたし》の内包（意味内容）を増やしていくことと言えなくもない。つまり散文的な言葉をたくさん繰り出すことによって情報量を増し、語る私にとって未知なる存在であった《わたし》の内包量をどんどん増やし極大化していくわけだ。論理学の法則として、内包量と外延量は反比例する、というのがあるが、その法則にしたがって、《わたし》の内包量が極大化されると、《わたし》の外延量は極小化され、つまりはかけがえのない個である《わたし》＝私として、めでたく自己の同一性が回復される、という仕組みなのである。

しかし、こうした散文の仕組みは、もともと言葉を語ることのうちに組み入れられていた自己の分裂、つまり語る私と、その私から語られるところの他者なる宛先としての《わたし》の二重性を、自己同一なるものとして一元化することによって、言葉を語りだす私から他者性の契機を完全に排除し、一切の非自己を自らの外部（客観）として語り出す内部、つまり自閉的な主観を成立させていくことになる。

では、俳句（あるいは一般に詩）はどうなのだろうか。俳句には、五七五という定型的な制約があり（さらに季語というものもあるが）、散文のように《わたし》の内包量を増加することを決定的に抑制されている。そこで俳句がとった戦略は、《わたし》の内包量を最初からゼロと決めてしまうことであった（というのは私の勝手な解釈に過ぎないが）。

言葉がそこへと発せられる《わたし》の内包量を極小化していくということは、私は誰に向かって話しているわけでもない、ということであると同時に、話している私の自己同一も決して得られない、言い換えれば、主観は内部に決して焦点を結ばず消失する、ということでもある。つまり、言葉が発せられるにも関わらず、それは私からでも誰からでもなく、また同時に《わたし》へでも誰へでもない仕方で、あたかも言葉だけが自律してそこに《もの》のようにして生じ、存在するようになる、ということなのではないか。

俳句の言葉に、詠み手の心の内部などというものはない。あるのは、自律した言葉と、その《もの》としての言葉から構成された世界だけだ。しかし、それはまた、単なる客観的な物質世界なのでもない。なぜなら、その世界とは、詠み手が句を発すると同時に消え去ることによって、その詠み手の心そのものとなってそこにあるものだからだ。

ゆったりと目覚めて春の日と思う

ここには、そのような思いをめぐらしている詠み手の内面などありはしない。あるのは、春の柔らかな日差しの差し込む部屋の情景のみである。だから、続けてこう詠まれる

いつからの部屋の四月の日差しかな

しかし、この情景には、読み手のゆったりとした心がそのまま瀰漫的にその世界の情景に染み渡っている。

水道の水跳ね上がり夏来る

ここで跳ね上がる水しぶきは、浮き立つ心そのものだ。決して浮き立つ心の比喩なのではない。跳ね上がる水滴が沸き立つ心そのものなのだ。

初夏の給水塔と自転車と

道端に自転車のある夏の暮

これらは、単なる客観的な観察によってもたらされた情報なのではない。しかし、自転車を焦点にして描き取られたこの世界の情景が、どんな心情の発現であるのか、必ずしも自明ではない。そういうとき、私たちは、極小化されゼロ化されていた《わたし》に、散文的な自己を代入し、あたかも自分がその情景を眺めているかのようにして、解釈しようとする。俳句や現代詩などで一読してピンとこない作品に出会うと、私たちがよくやりがちな、しかも、えてして饒舌になりがちな解釈法がこれである。

散文的な自閉的主観の成立とは、そこから世界を見るパースペクティブ、ちょうど遠近法の説明図に描かれた例の放射線が一点に収束する地点にその主観を置いた認識の構図の成立をも意味している。それに対して、《わたし》をゼロ化した俳句の世界にそうした私に固有のパースペクティブはない。無数の視点をもった無限に多様なパースペクティブの交錯・重層する内閉的主観なき世界。その世界は、だからこそ、誰の固有なパースペクティブにも分け隔てなく開かれている（そもそも個我的閉塞性が極少化・ゼロ化されるように最初から設定されているのだから、そこには私だけの世界なんてないのだ）。

だから、俳句の鑑賞には、詠まれた世界をその世界のまま味わう方法と、その世界を詠み手のゼロ化されていた《わたし》の位置に自分に固有のパースペクティブを代入することによって解釈する（つまり散文的に説明する）方法の二通りがあるのだと思う。たとえば、先の自転車の句ならば、たとえば自分が自転車を乗り回して遊びつかれた子ども時代の夏の夕暮れのやや甘酸っぱいような気分をその情景に反映させて解釈していくような、そんな仕方だ。しかし、そうやって説明しすぎてしまうと、かえって俳句が俳句であるゆえんを失っていくような気もする。

眠るまで祭囃子の中にゐる

スコップの置かれたままの秋の浜

東京が瞬いてゐるクリスマス

秋晴れやぱんと張りたる馬の尻

こういった句は、いずれもある特定の《わたし》のパースペクティブからでなしに、ただ、その情景だけに向かうことで、私の心の中にまである気分が瀰漫してくるとさえ思える。そのことはたとえ高層ビルに囲まれた東京という街の無機質な情景でさえ、まったく変わることはない。

わが影の頭を蟻がとほりけり

自分の身体よりずっと大きな虫の死骸を蟻たちが運んでいく。それを何思うでもなくぼーっと見ていると、その大きな虫の死骸とは実は自分の影だった。いつか訪れる自らの死を、まるで自分と無縁な虫の死骸を見るかのように突き放して見ている詠み手自身は、この句にはあくまでも不在である。つまり「影」とは本体の存在と不在の両義的な記号でもあるとすると、この句には、主観―客観の境も存在―不在の境をも融解し去った彼方にただ一つの世界の情景として、しかも、言い知れぬ私の死の気分を瀰漫させた生として、蟻の行進が立ち現れているのだ。

こうやって何度も句集に向かっていくと、一頁三四文字の大きすぎる余白には、実は言葉が現出させた世界の情景がところ狭しと並んでいることに気づかされ、ただ慄然とするばかりなのである。

参　照　書

茅根知子『眠るまで』本阿弥書店、二〇〇四年。

22　荒川洋治『詩とことば』を読んで

何気なく読み始めた荒川洋治『詩とことば』にすっかり夢中になってしまった。

そもそもこの本は、高橋源一郎、平田オリザ、関川夏央、加藤典洋、そして荒川洋治の五人が、それぞれ文学史、演劇、時代小説、批評、詩を題材に、いま、この時代の「ことば」について考えていく「ことばのために」というシリーズの一冊である。

のっけから荒川氏は、「詩のかたち」が「読む人を阻んでしまう」と言い切ってしまう。今、人々はできるだけわかりやすく、難しくない表現を受け入れるようになってきたので、「詩のかたちは、あまり見たくないもの、見せられては困るもの」、つまり「うっとうしい」ものになってしまったというのだ。

じゃ、なぜ、詩のかたちはうっとうしいのか。

詩は、小説や論文などと比べると、文章表現としては異常なものである、といえるかもしれない。行わけも、リズムも、そこでつかわれることばも、語りの順序も、散文とは異なり、とても個人的な感覚や判断に基づく。多くの人はその異常なものと、関係をもつことを望んでいない。（四〇頁）

しかし、「一度そんな考えを休ませて」みてはどうだろう、と荒川氏は別の考え方に誘う。すなわち

白い屋根の家が、何軒か、並んでいる。

というのは散文。詩は、それと同じ情景を書きとめるとき、「白が、いくつか」と書いたりする。そういう乱暴なことをする。（中略）だが人はいつも「白い屋根の家が、何軒か、並んでいる」という順序で知覚するものだろうか。実は「何軒かの家だ。屋根、白い」あるいは「家だ。白い！」との知覚をしたのに、散文を書くために、多くの人に伝わりやすい順序に組み替えていることもあるはずだ。

詩は、そのことばで表現した人が、たしかに存在する。たったひとりでも、その人は存在

する。でも散文では、そのような人がひとりも存在しないこともある。（中略）いなくても、いるように書くのが散文なのだ。それが習慣であり決まりなのだ。

散文は、つくられたものなのである。（四二―四三頁）

そして、その章はこう締め括られる。

詩を思うことは、散文を思うことである。散文を思うときには、詩が思われなくてはならない。（四四頁）

ひと昔前、大学入試問題として課された小論文をコンピューターで自動採点する試みが話題となったことがある。小論文は言うまでもなく散文である。散文である以上、多くの人に伝わりやすい仕組みが要求され、だからこそ客観的な評価も可能となる。でも、詩は違う。大学入試で詩を書く課題が出されるなんてことは、あり得ないだろう。だが、なぜ？　だって、一人ひとりのこころのありよう、一人ひとりの息遣い、その直接の表出が詩だとするなら、誰がそれらのことばを点数化し序列づけたりできるというのか？

だから、小論文がコンピューターによって採点される、と聞いて私たちが心のどこかで違和感を感じるとしたら、それはきっと、そのとき私たちが詩のことを思っているからなんだと思う。

この本はとても小さな本なんだけれど、たくさんの詩の実例を示してくれているのがうれしい。しかも、荒川氏がさりげなく語ることばによって、一読しただけじゃ見えてこない何かを見つけるコツが伝授される。

たとえば、田村隆一の「保谷」という詩の冒頭。ちなみに保谷というのは、西武池袋線沿線住人にはおなじみの駅名である。

保谷はいま
秋のなかにある　ぼくはいま
悲惨のなかにある

ここで田村はなぜ「秋のなかにある」と「ぼくはいま」を同じ行にくっつけたのか。それは「季節を了解する前に（あるいは了解すると同時に）早々と作者は、自分の悲惨の物語に突入する。

このように、早々と自分のことに入ってしまう歩調」（三一頁）、このスピード感、それこそがこの詩のリズムなのだ、というのだ。

あるいは井坂洋子の「夜の羊達」という詩、それは

さよなら　とさけんだ時は
君はもう眠るように見知らぬ時へ
腕いっぱいの羊達と
よりそいささめきながら
歩いていって
私は昨日の土地へ
みすてられているのだ

と始まる。しかし、荒川氏は、この書かれた詩の前に、実は「見えない詩」があったのではないか、と感じとる。その見えない詩において、作者の詩のことばはもっとも発熱し、そしてその感情はすべて吐き尽くされた、そのように解釈するのだ。そう言われて、この詩を読み直してみ

ると、確かに「見えない詩」の余韻が波のように寄せては返すさまが、私みたいな鈍感な者にもうっすら感じられるから不思議だ。終わったところから始まる詩もある、というサジェスチョンは実に新鮮だった。

石垣りんの詩に出遭えたのも収穫だった。「くらし」もよかったし、次の「唱歌」もすごい。

みえない、朝と夜がこんなに早く入れ替わるのに。
みえない、父と母が死んで見せてくれたのに。
みえない、
私にはそこの所がみえない。

父と母が「いのちを捨て、人生のすべてをさらしてくれたというのに」、私にはわからないことばかり。荒川氏は言う。「詩の歴史もこの父や母のように何も教えてくれない。（中略）これからの詩はこれまでにないものとの、関わりによるからだ。詩はひとりになった。」そして、私自身もひとりなのだ。

「詩は人が生きるという、そのことに、いまとても近づいているのだと思う。」そうやって、荒川氏が愛唱し、読み耽ったであろう詩の数々が惜しげもなく示されていく。しかし、「どうです、詩って素晴らしいでしょ」といった誇らしげに自信たっぷりなところは、この本には微塵もない。荒川氏の詩人としてのエートスは、むしろ苦い含羞に満ちた、それでいてとことん厳粛なものなのだ。

自分の詩が読まれたいと思う気持ちは誰にもある。（中略）でもほんとうに詩は、読まれていいのだろうか。読まれることはむしろこわいことではないのか。読まれてしまったらおしまいではないか。（中略）

詩は読まれることをほんとうには求めていない。人に読まれないからこそ、詩は生きることができる。それは少しもうしろ向きの考えではない。むしろそのことが詩を前向きなものにする。

読まれないことは、わかっている。そのうえで、考える。もし読まれたら、どうするのか。突然、誰かが路地裏の店に入ってきて「見せてください」といわれたとき、腐った林檎を出すわけにはいかない。そのときのために、少数の人のために、きびしい目をもつ人のために、はずかしいものは書けない。用意だけは、しておかなくてはならない。（一三六―一三七頁）

私は、このくだりを読みながら、自分が関わる哲学論文の話とすっかり重ねて読んでいた。極めてマイナーな領域の学術論文なんて、数人の専門家の目にとまるだけかもしれない。しかし、読まれないことに安住していてはいけない。いつの日か、とてつもない目利きが、まるで行きずりの旅人が水を求めるように、「見せてください」とやってくるかもしれない。そのときのため、そんな厳しい目をもった旅人のために、私は今、掘り続けている井戸を枯らしてはならない。誰が飲むでもないその水を絶えず澄ませておかなければならないのだ。

参照書

荒川洋治『詩とことば』岩波書店、二〇一二年。

23 〈価値語〉論の一つのアプローチ

本章の目論見

価値に関する考察・論考の類は、歴史的なものであれ同時代的なものであれ、その優れた試みを枚挙し、概観するだけで膨大な紙幅を必要とする。だが、「価値」ではなく「価値語」という括りで見直してみると、哲学的な動機に基づいて正面きって価値語を主題とする研究は、意外なことにほとんど見当たらない。あくまで価値論の一エピソードとして価値語ないし評価語が語られるケースが大半なのである。

本章では、そうした事態を鑑み、そもそも価値語を主題とする価値語論なるものが可能であるのか、もし可能ならどのような仕方でそれが展開され得るのか、その二点を考察していくことにする。その際、我々人間が評価主体（評価者）として、誰か、あるいは何か（それらをまとめて評価体と呼ぶ）を価値あるものとして評価するという行為は、決してその評価行為だけで単独に成立するものではなく、通時的にも共時的にも様々な要因が絡み合って初めて可能となる、という点を忘れてはならない。そうしたいわば評価行為の現場、価値現象の舞台に、評価語が必要不可欠な構成契機として登場するのかどうか、それが我々のさしあたりの関心事である。価値語が評価行為を可能にするのか、それとも価値語は評価行為の副次的所産の一つに過ぎないのか、その見極めをつけたいわけである。もちろん、容易に予想されるように、そうした二者択一的な問題設定そのものが価値語論の成立を妨げている、という方向へと論を進めたいのだが、しかし、逆にそのように至極もっともな結論に至るプロセス自体をむしろ丁寧にたどってみたい、というのが本章の狙いである。ただし、現段階では、それはあくまで今後の展開のための下書き・覚え書きに過ぎない。

原初的価値経験

価値経験と価値語をめぐる擬似問題

まず、批判的に考察すべき三つの問題がある。最初の二つは、それが人類史的にであれ個人史的にであれ、初めて評価行為を行う際のいわば「原初的価値経験」に関わるものである。第一に、価値語以前に原初的価値経験が存在し得るかどうか、という問題。たとえば、何か美しいものとの出会いによる原初的〈美〉経験があり、しかる後にそれを名指す、ないしはその経験を内包とする価値語「美しい」なり「美」なりが生じる、という考え方が果たして妥当かどうか、という問題である。第二に、そうした原初的価値経験は、私が単独で経験し得る私秘的なものであって、しかる後にそれを公共的な価値語を媒介として他者に伝達し得る、という考え方が妥当かどうか、という問題。それらに対して、三つ目は、逆に、個人に先立って既に存在する価値語を含む言語体系が、個々人の価値経験を可能にする構成契機であるのかどうか、という問題。いずれにせよ、以上三つの問題群は、価値経験が先か、価値語が先か、と言い換えることもできるものだが、こうした問題群が実はすべて擬似問題である、ということを暴くことが本章の第一の課題である。

一人称的観点と主観的観点

そのための準備として、まず手始めに、「一人称的」と「主観的」の区別をつける必要があるだろう。一人称的観点はあくまで「私」の視野に立ち現れる限りで、という意味での内在的視点からの「一人称語り」であるのに対して、主観的観点は、そうした一人称的観点を外在的視点から「三人称語り」へと転換したものである。本章で私は、その二つの用語を使い分けたい。たとえば価値は主観の産物だ、という意味で「主観的」と言う場合、その言明で意味されている事柄自体はすべての主観に妥当するということを前提しているという意味で既にその言明は客観性を帯びている。それに対して、「価値は一人称的だ」という場合、その言明で意味されている事柄自体、つまり「この私」にこの価値が現前しているという事柄自体は、決してそれ以外の「他の私」・他の主観には妥当せず、その意味でさしあたりの独我論的構えをその特徴とする。その意味で、主観性は既に共同主観性を含意するが、一人称性は共同主観性を排除する。これはまた、「普遍」と「特殊」の区別とも一致しない。確かに「価値は一人称的なものだ」という命題は形式として普遍的だが、そこで意味される事柄自体は、さしあたり「この私」にしか妥当しない。ただし、言語そのもののもつ公共性、共同主観性が「一人称的」なものと最初から相容れないものとすれば、「一人称的」な構えは本来言表不可能ではないか、という根本的な矛盾を忘れてはならないが、ここではそうしたいわゆる「私的言語」の問題はとりあえずカッコに入れておく。

発達心理学的アプローチ

次に価値経験の成立という場面を、発達心理学的なアプローチに倣ってモデル化してみたい。

その際、言語習得以前の一歳未満の乳児が対象となることによって、一見、価値語習得以前に価値経験が可能であるかのように見えるが、結論を先取りすれば、それは誤りである。

まず、乳児が生まれつき、自身の身体を含む身の回りの情報を探索する能力をもっている点に注目する必要がある。何であれ経験を動機づける要素が先験的に人間には備わっているのである。そうした先験的探索能力に関しては、F・スターニマン（一九四四年）を嚆矢とし、一九六〇年代のR・L・ファンツによってなされた幼児における「選好注視」の発見によってその研究の端緒が開かれた。それによると、驚くことに生まれて間もない赤ちゃんでさえ、パターン化された刺激とそうでないものとを識別する、いわゆるパターン認識を行っており（つまり生後すぐの新生児の視覚は既に大脳皮質と連携して働き）、しかもパターンのある方を好んで選択するそうである。パターン化されない刺激に対してパターン化された刺激のもつある種の目新しさ、珍しさが、乳幼児の好奇心を促進するなら、そうしたパターンの反復に彼らがやがて馴化し、さらには飽きるのも当然の成り行きである。だからこそ、より新たな刺激を求めて脱馴化を図ろうとし、精力的に馴化-脱馴化の循環を繰り返すのである。もちろん、こうした生得能力は、あくまで生きていくための本能として組み込まれたメカニズムではあるが、同時にそれが単に受動的・反射的な能力としてではなく、むしろ環境に好奇の目を向け、そこから何であれ情報を引き出そうとする主体的な働きかけである点に大きな意味がある。

しかし、そうした新生児の脳に生得的に備わる選択能力も、外界からの刺激が与えられなければ一向に解発されない（それどころか、そうした状態が続けば人間としての成長が不可能となる）。つまり、選好注視の対象となる様々な刺激が必要となるわけだが、そうした対象のうちで最も重要な位置を占めるのが母親の存在である（父親の育児参加時間によっては父親もまた同様に重要であるが、ここではとりあえず母親に代表させておく。言うまでもないことだが、以下で考察されるような乳児との密接な関係は母親でなければ不可能だと言いたいわけではまったくない。一定の愛情をもって乳児との密接な関係を一定期間持続できる養育者でさえあれば、母親や父親以外の人間であっても同様に重要である）。いずれにせよ、自分自身を含めた一切が未分化な全体としてある、そうした世界の中心でひたすら自発的な好奇心として存在する乳児に対し、母親がどのような関わり方をするのか。その典型的な事例が乳幼児の模倣行為である。

乳幼児の模倣行為

いかなる文化圏であれ、母親の赤ちゃんに対する行動様式は、他の大人同士でのそれとは明らかに異なり、ゆっくりと抑揚を増幅した話し方、大袈裟な身振り手振りが顕著である。D・スターンはこうした行動を「赤ちゃんによって誘発された社会行動」と呼んでいるが、後天的な教育を必要とせず、ほとんどの文化圏に共通する行動様式という点が重要である。とりわけ、赤ちゃんが何か可愛げな所作をした時、母親はその動作を模倣して、大袈裟に繰り返すことがよくある。たとえば、たまたま赤ちゃんがにこっとした時の表情や、両手をバタバタさせる動作を、母親は誇張気味に模倣して繰り返してみせる。すると、今度は赤ちゃんの方がその母親の表情や動作をさらに模倣することが経験的に確かめられる（多くの親達の経験だけでなく、一九七七年のA・メルツォフとM・K・ムーアの実験以降、多くの実験結果が少なくともそうした傾向の存在を立証している）。

この乳児の側の模倣行為には、実に高度な能力が潜んでいる。そもそも自他の区別すら未分化な乳児が、自らの運動感覚と母親の表情や動作との間の「随伴的な関係」（T・G・R・バウアー）を見出すことがこうした模倣行為の前提となる。自らのある特定の運動感覚が目新しい興味をそそる母親の仕草を随伴するということに気づく、その発見自体が乳児に喜びをもたらし、その運動を母親の行動にまるで身体的に共鳴するかのごとく、さらに強く繰り返す（相互作用性の同期現象）。母親はさらにそれを模倣し、乳児の反応を促進する。こうした相互模倣行為の交換、「随伴性検出ゲーム」（下条信輔）によって、幼児は未分化であった自身の身体や世界のシェマ（J・

ピアジェ）を作り上げていくのである。

評価行為の模倣

さて、上記のような母親と乳児の間での相互模倣行為を見て気づくのは、その模倣行為の呼応の間に既に何らかの「評価」が入り込んでいる、という点である。赤ちゃんの何気ない動作を母親がこれまたほぼ無意識のうちに模倣する（赤ちゃんから誘発される）時、この同期現象はいわば本能的といってもよい。次いで、母親の動作を自らの運動に随伴するものかどうかを自らの動作によって検出するかのごとくに為される幼児の模倣行為、これは言い換えれば、認知された事態を自らの身体的運動へと再びフィードバックする行為でもあるのだが、ここにもまだ評価という要素は入ってこない。しかし、母親が自身のなした動作を赤ちゃんが模倣してくれたことを確認し得たとき、母親は歓びを露わにし、ときには赤ちゃんを抱きしめたり、「いい子、いい子」と頬ずりしたりするだろう。この段階にいたって、母親の応答には非常に原初的ではあるものの、ある種の評価が入り込んでいると言ってよいのではないだろうか。少なくとも、赤ちゃんの模倣行為を肯定的に評価していることは確かである。

これを乳児の側から見ると、自らの運動感覚に母親の応答が随伴することの認知を強化しながら、同時にある別種の要素が加味されたことに（当然）無自覚なまま、その要素にも同調していくことになるだろう。その要素とは、より以上の笑顔であったり、抱擁や頬ずりであったりするが、とりわけ、「いい子、いい子」だとか「よしよし」「いいぞ」というような発声である。乳児が成長していくことによって、こうした母親の側の評価的要素をも模倣していくことが可能となるとすれば、相互作用の同期現象は「評価」においても成立すると言えよう。もちろん、その際、表面上評価されているのは乳幼児の模倣行為自体であるが、事実上は、その相互作用は既に「評価ごっこ」としてゲーム化されていると言ってもよいだろう。肝心な点は、自分が評価し、評価される、そういう評価関係を形式的に経験していく中で、評価行為そのものの図式を内面化し得ることにある。そして、それこそが価値経験自体を可能とするいわば原初的価値経験と言い得るだろう。

顕在的価値語と超越論的価値語

原初的価値経験および一人称的価値経験をめぐる誤謬

さて、価値を評価行為と本質的な連関をもつものとするならば、評価行為がそもそもその習得過程において一人称的でありえたのか、ということが改めて問われねばならない。今まで考察してきたように、その習得過程においては、つまりごく初期の幼児期においては、基本的に母親との対的関係性の中での「評価される」という被評価経験・受動的経験が先行するはずである。次にその評価‐被評価の役割関係を逆転させることによる他者（母親）に対する評価経験が（もちろんその評価行為は先行する母の評価行為の模倣である以上、自らの模倣行為がそこに準拠して成立するその当の母からの肯定的評価によって、実は初めてその能動的行為が評価として認定され）成立する。こうした先行する評価される・評価するといった経験の中に「よい」という評価語は（いい子、よしよし、いいぞ、などの多様な派生形で）付帯する（ただし、必然的随伴ではない）。実際、ほとんどすべての母親は、何らかの言葉をかけて評価しているのだが（典型は「おー、よしよし」といったあやし言葉）、その語が評価の本質を成しているかどうかは別である。しかし、評価される側の幼児がなす評価行為の模倣においては、その評価語「よい」は彼の模倣評価行為にとっては本質的なモメントとなる。もちろん明確な言語習得以前であるなら、その模倣評価行為は評価語を必然的に伴うとは言えないが、少なくとも可能的には評価語を含意していることは確かである。

人間は、その誕生の瞬間から決して自足的ではあり得ない存在である。つまり、人間が人間として生きるためには、必ず他の人間が必要であり、その関係性の中でのみ生きることができるのであるならば、その関係性の中でのみ習得され得る評価行為は人間にとって本質的特徴となる。その意味で、一人称的な評価行為というようなものは、その生成の面から見る限り、成立不可能である。もし一人称的な評価行為を語り得るとするなら、その場は事後的な仕方による、すなわち評価行為を習得し終え、評価語の使用を習得した者が、その地点から価値語の起源としての評価行為に対して、発達心理学的な物語とは別の物語を適用し、紡ぎ出された、ある種転倒した説明方式による場である。それは言語以前の感動（たとえば美的感動）をまず立て、しかる後にその感動に適用される価値語（たとえば「美しい」）をもってくる論述の仕方と共通するところがある。価値語の起源への遡行はあくまで推測に過ぎないとすれば、そこには科学的なアプローチもあれば他のアプローチもあるわけである。もし、価値語の習得が前述したようなものであると仮定するならば、評価されたときに評価者（母親）の喜びの感情と身体的に共振・共鳴的に同化同調する仕方でそれを快と感じることからその過程は始まるのだろう。そこではむしろ共振、同調という身体的経験が先行していて、自己はまだ生成していない。一人称的視野の形成以前の双称的（dual）な場面での出来事の先行性を、事後的に一人称的な出来事へと改作することは、明らかに論点先取の誤謬を犯している。しかも、その双称的な場面でなされる相互評価行為（原初的価値経験）は、それ自体が価値経験の一つとしてあるのではなく、あくまですべての価値経験を可能にする根拠としての評価形式の内面化であった。価値語によって名指される価値語以前の価値経験というようなものが、それ自体、内実を伴った（たとえば美に対する感動のような）何らか自律的な経験として成立する、とみなす考えにはやはり論点先取の誤謬が潜んでいるのである。

こうして、先に掲げた三つの問題の内、最初の二つ、すなわち価値語以前に具体的内容を伴った価値経験が先在するか否か、および一人称的価値経験が先行するか否か、という問題はその問題設定自体が誤謬に基づいた疑似問題であるということが見出された。

顕在的言語としての評価語

以上のように、顕在化した価値語はその習得においては確かに原初的価値経験に比して事後的である。しかし、では価値語は常に事後的であるかと言うならば、そうではない。前にも述べたように、いったん被評価経験から自らの評価行為へと成長した者にとっては、その評価行為に価値語は母親の評価行為の模倣である限り本質的な内的契機となっている。したがって、評価行為とはある意味では評価語を語る場面の構成である、とも言えるわけだ。それは何より評価語を発話することをその本質的契機とする。

もちろん、その後、発話なしの評価行為が登場する。それはその評価行為自体の意味を理解することを前提とする（単なる他者の評価行為の模倣の域を出ることが条件となる）。それは抽象化の水準に達することにより、評価語の名詞化をも伴う。こうして、評価語は言語体系の一部として、個々人の評価行為を構成し、規制するモメントとなるように考えられる。そうなると個々の評価行為は、個々の価値経験の価値語による表出ではなく、むしろ個々の状況への価値語の適用事例に過ぎないとみなされるようにさえなる。

価値語におけるエネルゲイアとエルゴン

ここで個々の評価行為を構成し規制するモメントとしての評価語・価値語体系に属する価値語をFとし、原初的価値経験において母親側が肯定的評価として用いる〈よい〉をGとするなら、「aは美しい（Fである）」――Faと表記する――という価値表現が可能となるのは、「『aは美しい（Fである）』と言って〈よい〉」――G（Fa）と表記する――が既に超越論的機制として働いているからである。つまり、Fは言語として、たとえば形容詞や名詞としての言語的機能の文法的制約や意味論的制約を受けるのに対して、Gはそのメタレベルで評価言語・価値語そのものを可能にする制約として機能しているのである。その意味では、G自体も広義に言語活動と呼び得るものである。言い換えれば、Gはその都度の言語活動そのもの、つまりエネルゲイアであり、Fはその活動による所産、すなわちエルゴンである。エルゴンとしての価値語Fは、常にそれが語られる時代、文化、状況、伝統等の影響を受けるが、Gはそれらの超越論的成立基盤としていかなる影響からも自由である。

しかも、このGは実体的な言語ではもちろんなく、原初的価値経験モデルでも明らかなように相互同調的な関係性自体、つまりコミュニケーションの可能根拠としての〈原コミュニケーション〉でもある。この意味で先の三番目の問題、すなわち価値語が価値経験を構成する、というものも、その「価値語」をFと採る限り疑似問題となる。なぜなら、価値語Fは、いわば〈原–価値語〉であるGなしに、単独でFxという価値経験を現成させることはできないからである。

原初的価値経験の定式化

まず、以下のように記号化された定式を導入する。

pG（　）⇅qG（　）

この式では、pが母親、qが幼児を指す。この式は、母親がなす「（　）と言ってよい」という原初的評価行為を幼児が模倣し、それをさらに母親が評価する、という相互同期作用を表している。ただし、ポイントは、「（　）と言ってよい」のカッコ内が空白、無内容である点にある。この式は、あくまでも原初的評価行為を習得するための「評価ごっこ」を表しており、何を評価するか、ではなく、「評価する」ということそれ自体の相互模倣を単純に図式化している。だからこそ、こうした評価行為の無内容な形式を内面化することが、その後の具体的な評価行為、価値経験を可能とするある種超越論的な機制となり得るのである。

この式のカッコ内に価値語表現を代入した時、その価値語表現の評価的性格、規範的性格を超越論的に根拠づけているのは、この式全体で表される相互的な関係性である。したがって、この式は顕在的に価値語として現れることもなければ、実体的でもなく、たえず伏在的に働いている。この機能のおかげでFｘは何らかの価値語として機能するのであるし、理解可能ともなるのだが、逆に言えば、先に見た評価行為習得の原初的な経験を除けば、実際にFｘと語られることによってしかこの機能が評価の可能の制約であったか否かを判定することはできない。なぜなら、Fｘが単なるｘについての記述ではなく、ｘについての評価表現になるということの承認が得られ、つまりはFが評価語として流通するか否かは、実はその都度、Fｘと発話する行為が聴き手によって評価行為と認定されるか否かを通じてしか確かめようがないからである（評価語の規範性格はこのような仕方でしか追認されない。つまり客観的規範など実はないのだ）。もし、そのように評価行為として認定されたそのときには、先のpG（　）↓↑qG（　）という定式が具体的にカッコ内にFxを代入した形でもう既に機能していたことになるのだ。もし、こうした機制が常に既に可能の制約として機能し得るのでないなら、Fxが価値語と〈なる〉、つまりヒュームが批判したように「ある」から「べき」が導出されるということは絶対に不可能となるだろう。

事実語と価値語

しかし、もし以上のようなことが言えるとするならば、pG（　）↓↑qG（　）のカッコ内には、原則的にすべてのFx、つまりすべての事実語が代入可能なわけであるから、事実語はすべて価値語として顕在可能ということになりはしないだろうか。この問いに対し、私は「然り」と応えたい。まず手始めに、言語の習得、たとえば「イヌ」という語を使えるようになる、とはどういうことかを考察してみよう。「イヌ」という語の使用法を習得していく過程には、必ず「イヌ」という語を使える人、典型的には母親との関わりが必要である。つまり、ある特定の条件下での母親の「イヌ」という発声を模倣していくわけである。それは「（aを）『イヌ』と呼んで〈よい〉？」「（aを）『イヌ』と呼んで〈よい〉」、記号化するなら、pG（イヌa）↓↑qG（イヌa）という相互参照の気の遠くなるほど頻繁な反復を意味している（ただし、ここで「aを」というのは、「あれを」とか「これを」という指示行為を代表させたものであるが、既にその指示行為が成立するということのうちに、イヌをイヌとして把握する能力が前提されているのではないか、という正当な疑念が生じよう。しかし、これから「イヌ」という語を習得しようとしている幼児ではなく、既にそれを習得済みの母親の方の指示行為を、ちょうど乳児の模倣行為の場合のように幼児が模倣することは可能ではないだろうか。ちょうどイヌ嫌いの母親の子供が、「イヌ」と発声し始める時に無意識に体を強張らせるように、ある状況での母親の態勢そのものを丸ごと模倣する幼児にとって、そうした模倣行為自体に既に指示対象の同定が含まれていると考えることは妥当であろう）。

しかし、もし事実語がすべて価値語になり得るとするならば、事実語とはそもそも何だったのだろうか。眼前にいるイヌを「イヌ」と記述する語が事実語ということだとして、しかし、眼前の何かをとりたてて「イヌ」とみなす、「イヌ」として扱う、ということは、そのこと自体、広義の評価行為とは言えないだろうか。少なくとも、他のいずれでもなくこれが「イヌ」に値する、ということとの表明が「イヌ」のうちに含意されていることは確かだろう。つまり私たちは、常にその都度、自らが志向する事態を評価することによって言語活動というその都度の創造活動を行っていると言ってもよいのではないか。そうした言表＝評価としてのエネルゲイアの所産である顕在化したエルゴンとしての言語の蓄積が、語彙なり文法なりの言語的伝統として私たちの言語活動を拘束する。そうした活動と所産の循環の中で、事実語と評価語という区別自体がどのように生成してきたのか。その由来を尋ねるためには、本章で辿ったのとはまた別のアプローチが求められるだろう。

ひとまずの結び

原初的評価経験あるいはpG（ ）⇄qG（ ）は、あくまで超越論的機制であって、決してイデアのような超越的な何かではない、というのが本章の一つの主張であった。そして、そうした原初的評価経験によって可能となるのは、価値語を伴う価値経験ばかりでなく、言語（事実語）活動もまたそうである、といのがもう一つ別の主張として引き出された。したがって、本章の採用したアプローチは、結果的には、狭義の価値語を価値語たらしめる何かを見出し損なったことになるだろう。

では、別のいかなる途を辿れば、その何かを見出し得るのだろうか。おそらく一つ目としては、言語活動ではなくその所産である言語的伝統の形成過程にそれを見出していこうとする事後的・

歴史的アプローチが挙げられるだろう。二つ目には、それと関連して、価値を価値として現出させる言語慣習的なトポスとしての文学的・演劇的表現を採る方途が挙がるだろう。そして三つ目に、これは極めて困難な試みではあるが、私たちが決して言語化できない超越価値の経験を価値語の超越論的機制として採る途が挙げられる。最後の方途が果たして形而上学的な空疎な問いに過ぎないのかどうか、それもまた今後の課題である。

附録　書　評

Roland Betancourt,
Sight, Touch, and Imagination in Byzantium
(Cambridge: Cambridge University Press, 2018, pp. xvi + 401)

著者ローランド・ベタンコートは、二〇一四年にエール大学で学位を取得後、カリフォルニア大学アーバイン校の助教、准教授を経て二〇二〇年より同大学の美術史教授を務めている。彼の研究成果は広くビザンツ美術史全般にわたっており、とりわけ視覚に訴える文化および神学研究に取り組む一方で、モダニズムへの関心も深く、二〇一五年には *Byzantium/Modernism: The Byzantine as Method in Modernity*（Brill）を M. Taroutina と共編している。本書は彼の最初のモノグラフとなるが、その後も *Byzantine Intersectionality: Sexuality, Gender, and Race in the Middle*

Ages (Princeton U. P., 2020)、*Performing the Gospels in Byzantium: Sight, Sound, and Space in the Divine Liturgy* (Cambridge U. P., 2021) と矢継ぎ早に単著が上梓され、現在、斯界でもっとも注目される中堅研究者の一人と言えよう。

本書の意義を理解するためには、初期・中期のビザンツ美術史およびその研究史における二〇世紀末の動向をあらかじめ知っておくとよいだろう（なお、前もって断っておけば、本書で論じられるような視覚解釈とは別様の視覚理解が見出される後期ビザンツのヘシュカズムの文脈については、本書ではほとんど扱われない）。なによりルネサンス絵画の華開く西方のキリスト教美術に比して、一般に平面的かつ線状的で図式的なビザンツ美術はいささか地味で絵画的面白みに欠け、もっぱらイコン論に関心が集中するきらいがあった。しかし、一九世紀後半から二〇世紀初めにかけて前衛派に注目され、カンディンスキーやクリムト、レジェのような現代画家や、ベルやグリーンバーグのような現代美術評論家に愛好されることによってビザンツ美術に関する一般的言説にも少なからぬ変化がもたらされるようになった。なかでも二〇世紀半ばにビザンツ美術史に大きな影響力をもったマンゴー（C. Mango）による〈鑑賞者のもつ文化的解釈背景の相違〉への着目、すなわち「ビザンツ美術にたいする我々自身の評価の大部分は、この美術が自然主義的ではないという事実に由来している、だがビザンツ人自身は、残存する彼らの証言から判断する限り、〈自然主義的様式で描かれていないにもかかわらず〉それを非常に自然主義的であるとみなしていた[1]」というマンゴー・パラドクスと呼ばれた彼の指摘は、その後に豊かな議論を引き起こした。その一つの成果が、一九九五年春にカリフォルニア大学で開かれたvisionとvisuality〈強いて意訳すれば「自然的視覚」と「社会／文化的視覚」〉の差異と相関をテーマとする学術会議を記録した論文集 *Visuality Before and Beyond the Renaissance* (Cambridge U. P., 2000) であり、同書の編者であるネルソン（R. S. Nelson）による所収論文 "To Say and to See: Ekphrasis and Vision in Byzantium" である。その後、ネルソンのその画期的な論考が「触知的視覚理論（the theory of haptic sight）をビザンツ美術・文化史における特権的な地位に高めた」（p.1）とみなし、そのように単純化された視覚理論をビザンツ世界に帰したことに真っ向から異議を唱え、古代末期の哲学的感覚論からイコノクラスム前後の神学的感覚論までの膨大な文献を精査することによって徹底的に論駁したのが本書である。

そもそも、同一の絵画に対して〈現代の我々が見ているもの〉と〈ビザンツ人が見ているもの〉の間に対立を見たマンゴーに対して、〈我々が見ていると我々が言うこと〉と〈彼らビザンツ人が見たと彼らが言ったこと〉の間に対立を見出すネルソンは、我々と彼ら各々のテクスト性つまり言説的実践（discursive practices）もまた考察される必要があると考えた。かくしてネルソンは、M・フーコーに倣ってビザンツ人の「饒舌な凝視」を、彼らの「直に触れるかのように見る」という比喩的表現の研究を介して推定しようと試みたわけだが、そうした研究の結果、彼は以下のような結論に至った。

このように画像〔聖像画〕を視覚的に抱擁し、それに口づけることは、比喩的のみならず字義通りの意味をもっていたと私は考えている。あらゆる成功した宗教的象徴主義と同様、この比喩は知覚と知覚理論に基づいている。目から発する視覚光線が見られる対象に触れると考えられていたので、見ることは視覚的のみならず触覚的であり、見えるばかりでなく触感もわかるのである。したがって、視覚が人と視覚対象を結びつけたが、発出光説によれば、〔視〕活動はまさに「見る人」から始まるのである。(2)

ここでネルソンは、「発出光」(extramission)説、すなわち目から発出した視覚光線が視覚対象に触れ、その本質を直に把握するという視覚理論を、外在する対象から発出した光線を目が受容するという「受容光」(intromission)説と対照させることによって、視覚を一種の触覚だとみなす触知的視覚理解を発出光説によって基礎づけ、他方でそうした視覚論がイコン信仰に理論的裏づけを与えるとして、ビザンツ世界に不可欠なものとみなしたわけである。言うまでもないが、ここで問われているのは、現代の生理学的・光学的見地から視覚のメカニズムを解明することではなく、聖イコンを前にしたビザンツ人がそこで何をどのように見ているのか、そのようなイコン信仰をも可能にするような哲学や神学を織り込んだ包括的な視覚理論なのである。神との合一を願う信仰心が、対象との隔たりを条件づけられた視覚に触覚的機能との融合を求めたと説くネルソンにとって、プラトン、ガレノス、ストア派、エウクレイデス、プトレマイオスその他多くの論者が共有する発出光説的視覚論は確かに強力な援軍であったに違いない。

かくしてベタンコートが本書で採った戦略は、第一に、発出光説に基づいて触知的視覚理論を説いたとされる哲学者、神学者の文献をできるだけ広く仔細に精査し、そこで言及されている触知的視覚があくまで修辞的な比喩にすぎず、誰一人として視覚と触覚の融合を肯定的に語ってはいないということをテクスト自体によって証示させる、というものである。ついで第二に、発出光による触知的視覚論に代わる包括的知覚論を、マンゴーの英訳(3)で広く世に知られ、ネルソンも触知的視覚論のビザンツ的典型例として取り上げた九世紀のコンスタンティノポリス総主教フォティオスの説教一七を精緻に読み解くことによって、そこから多層的で総合的な新たな知覚論を提示することである。

本書の構成もこうした戦略を反映したもので、「いかにして視覚は触覚でないか」と題された第一部は、視覚の媒体、触知性、そして諸感覚の共有（いわゆる共感覚）をそれぞれ主題とした三章から成り、古典期ないし古代末期からビザンツ期までの主だったテクストが詳細に分析される。本書の中心パートとなる第二部はフォティオスの説教一七の第五節を詳細に分析し、「知覚の五段階プロセス」すなわち感覚、理解、想像、判断、記憶の各段階が割り当てられた第四章から八章までの五章構成となる。続く第三部は第一部の三つの章（媒体、触知性、共感覚）にそれぞれ対応する形で、視覚を触覚から引き離す際に何が問題になるかを、文学と美術における表象と仲介の理論（第九章）、典礼におけるイコン崇敬の文脈において文字通り「触れる」という形式と想像力の相関（第一〇章）、ビザンツ世界全域に見出される感覚横断的メタファーと言語表現のより広い文脈（第一一章）の三つの章にわたって明示される。

全編にわたって膨大な量のテクストの具体的かつ詳細な解釈がなされる本書の細部を逐一紹介するわけにもいかないので、以下では、本書をもっとも特徴づける第一部の視覚理論の比較考察(1)と第二部のフォティオスの説教解釈(2)に的を絞って見ていきたい。

（1）　ビザンツ世界に見出される視覚理論の諸類型は、現代の研究者にしばしば見出される発出光説と受容光説の二区分よりはるかに複雑に絡み合っていることが示される。

①視覚の働きを発出光説と「触覚」という語の両方を用いて顕在的に示したほぼ唯一の例が（アンティオケイアのアエティオスの著作にその断片が保存された）ヒッパルコスのテクスト──「目から出てその先端に伸びる光線が、ちょうど手の触覚によるように（καθάπερ χειρῶν ἐπαφαῖς）、外部の対象を掴み（καθαπτούς）、その理解（ἀντίληψιν）を視覚に伝える」（*De placitis reliquiae*, IV 13.9）である。(4) しかし、これほど典型的なテクストでありながら、「触覚」はあくまで比喩として用いられ、しかも発出された視覚光線は対象から反射されて目に物理的な刻印をもたらすというわけではなく、あくまで「理解」を伝えると言われている以上、ヒッパルコスが記述しようとしたのは外部の対象が知性認識に至るまでの認知過程であって、対象との無媒介な接触ではなかったことが示唆される（p. 8）。

②他方、受容光説は必ずしも光線のみならず色や像もまた目によって受容されることで視覚を説明した。たとえば、レウキッポスやデモクリトスら原子論者は対象が自らの似像（εἴδωλα）を発出し、それを目が受動的に受容すると説いた。もっと大きな影響をもたらしたのはアリストテレスの説であるが、視覚者と対象の間の隔たりを空気や水のような透明な媒体が埋め、それが光によって現実態となることによって対象の色が目に伝わるとした点で、視覚における媒体の必要不可欠性を説く立場といえよう。

③プラトンは発出光説の典型とみなされてきたが、実際は対象から生じた炎（φλόγα）と目からの視力の流出との統合によって視覚が生起するとみなす、いわば「相互作用説」とでも呼ぶべき第三の立場である。対して、触覚としての視覚という比喩が視覚理論においてもっとも顕著に見出されるストア派（クリュシッポス）は、目から流出した気息（プネウマ）が目と対象の間にある空気に触れ円錐状の混合体として形成されることによって、「あたかも杖によるようにして」（ὡς διὰ βακτηρίας）対象を見ると主張する（p. 52f.）。相互作用説とアリストテレスの媒体説とを重ね合わせたような主張だが、ここでの触知的視覚はあくまで比喩にすぎず、しかも媒介の必要性を強調する点でストア派が視覚を無媒介な接触とみなす説に与することはあり得ない。ガレノスもまたプネウマ流出説をとるが、医術者としての彼の主たる意図がプネウマの流れを増強するか抑制するかによって眼病の回復を図るとした点でこれまで視覚理論としてはあまり注目されてこなかった。しかし、プネウマを表象力と解することによって、本書の提示する知覚理論がもっとも依拠した理論としてベタンコートはガレノスを高く評価している

④ビザンツの視覚論において、プラトンとアリストテレスの対立をいかに総合するかが大きな課題であったが、ガレノス説に基づきエメサのネメシオスらによって提示された、プラトンによる目と対象双方からの光の統合（συναύγεια）を可能にするものとしてアリストテレスによ

る透明な媒体の第一義性を捉えるという両者の総合の企図は、一四世紀ニケーフォロスのクームノスに至るまで継承された。

⑤エウクレイデスは『オプティカ』定義1で示されるように目から引かれた直線的光線が彼の幾何学の基礎となる限りで発出光論者ともみなしうるが、彼は視覚の生理学についてほとんど何も語らない。その限りで彼の視覚光学的な記述は、あくまで反射や屈折の結果を算定する幾何学のためのもので、視覚の認知的側面について語るものではなかった。プトレマイオスの天文学の考察に用いられた発出光説についても同様のことが言える。

以上のようにビザンツにおける視覚理論は実に多様で複雑な競合関係にあったが、そのいずれにおいても、無媒介的に対象に接触し触知する視覚を説く立場は見出し得ないというのが本書第一部の結論である。

（2）コンスタンティノポリスのハギア・ソフィア大聖堂の広大な身廊において八六七年三月二九日にフォティオス総主教の説教がなされた。それは、一世紀以上にわたる聖像画の正当性をめぐる闘い（イコノクラスム）の後、その大聖堂で第一に重要なモザイク装飾の除幕式でのことである。復活祭の前日、聖土曜日に行われた説教において、大主教はその偉大な教会の後陣に描かれたマリアとその子のモザイク画を祝福し、列席した二人の皇帝を讃えた上で、聖像破壊の過ちを再度非難し、ビザンツの画像理論の教えを強調した。説教集に収められたその説教一七の第五節の一部を以下に引用し、そこからベタンコートの解釈を具体的に説明したい（以下の和訳は評者によるものだが、引用文中の［k0］などの記号挿入はベタンコートによるものである）。

聖母がその御腕に創造主を赤子として抱いておられます。人は誰であれ、その光景を耳で聞くよりも見るときにこそ、その神秘の大きさに驚くのではないでしょうか。誰であれ、百万言の言葉にまさる言い表せないほどの〔主の〕へりくだり〔の御姿〕を讃美するために立ち上がるのではないでしょうか。なぜなら、たとえ互いを通して〔聴覚と視覚の〕いずれもが他方と一つになるにしても、その働きの点で、視覚を通して内に生じた理解は、耳から入ってきた知識よりもはるかに勝るからです。たしかに［k0］物語に耳を傾けた人はいたことでしょう。その者は、自分が聞いたことを思考力によって［k2］思い描き、［k1］自らに引き寄せたことでしょう。そうして［k3］抑制された注意力によって判断し、［k4］記憶のうちに置き入れたのです。しかし、見る力は、そうした聴く力に劣らず、それどころかはるかにずっと大きいものなのです。なぜなら、おそらく見る力もまた［m0］視覚光線の奔出や流出によって、［m1］まるで視覚対象に触れ、包み込むかのようにして、［m2］見られるものの形を魂の主導的部分に伝え、［m4］揺らぐことのない学知を集積するためにそこから記憶に形を引き渡し、伝達したからです。［n0］知性は形を見て、［n1］それを受け取り、［n2］思い描いて、［n3］難なく［n4］記憶のうちに送り届けたわけです。

著者ベタンコートはこの説教からフォティオスの「知覚の五段階プロセス」説を読み取る。それは、0感覚、1把握（理解）、2想像（表象）、3判断、4記憶→知識、という五段階であり、それらがk聴覚、n視覚、m視覚に関する記述という三つの文脈で示される。聴覚の場合、まず物語に耳を傾けた（k0）人は、それを思考力（διάνοια）によって自らに引き寄せ（k1）、聞いたことを思い描き（φανταζομένη）（k2）、抑制された注意力で判断し（k3）、記憶のうちに置き入れた（k4）。対して聴覚に勝る視覚においては、「見る」ことは感覚器官における単なる生理的な受動にとどまらず、すでにして知性（νοῦς）が介在する認知の前段階（n0）として捉えられ、そうした事態を表現すべく「視覚光線の奔出や流出（πρόχυσις καὶ ἀπορροή）」（m0）という発出光的記述が敢えて用いられたものと思われる。認知の第一段階は対象ではなく対象の形（τύπος）を「受け取る」（n1）ことであり、非物質的な形相（εἶδος）の受容という事態を記述するために「あたかも触れ包み込むかのように」（m1）という比喩的な触覚的表現が用いられる。

続いてそうした形相を自ら像化する表象（想像）の働き（m2）を介して視覚対象の表象を魂の主導部分に伝える（m2）。聴覚など他の感覚が表象に基づいて注意深く判定する段階を要するのに対して、視覚は表象段階がすでにしてストア派のいわゆる「把握的表象」にあたるため、即第四段階の確固とした知識の段階に進むことになるわけである。

フォティオスは百科全書的な学識に富んだ人物として知られており、前述したような錯綜を極めた当時の視覚理論の競合にも惑わされることなく、「見る」という認知機能の包括的な記述を、大聖堂で説教を聞く必ずしも哲学的視覚理論に通じていない多様な階層の人々にも理解できるよう簡潔に、しかしその根底に確固とした体系的理解をもちながら説いたものと思われる。

いずれにせよ視覚が触覚の一種であると言うことは、思考や認知、記憶、行為と関連したビザンツの知覚実践の入り組んだ複雑さを無視することになるだろう。マンゴーの翻訳を敢えて叩き台として批判的に読み替えていくことによってベタンコートが目指したのは、決してビザンツの新しい規範的な視覚理論を生み出すことでも、視覚に関するあらゆる説明の包括的な研究成果を生み出すことでもなかった。むしろ各々の著作家たちが視覚にまつわる触覚言語をどのように用い、またそれと格闘したのか、それにもかかわらずその一方で視覚者と視覚対象との直接の触れ合いの言い表しがたい経験を特徴づけるために触覚が用いられる場面で、彼らがいかにして触覚と視覚の分離を公然と伝えたのか、それを明らかにすることだったに違いない。引用はすべて原文と英訳が併記されており、この一冊を丹念に読みこなせば、ビザンツ美術史における感覚・知覚論の枢要テクスト箇所がほぼ一覧できるほどコンパクトに纏められている。総論としての限りでは極めて整合的な読み筋が展開されるが、著者がマンゴーの著作を叩き台にしたように、本書を叩き台とすることによって各論部分の批判的読み替えを進めることが我々に残された課題といえるだろう。

註

（1）C. Mango, "Antique Statuary and the Byzantine Beholder," *Dumbarton Oaks Papers* 17, 1963, p. 65.

（2）Nelson, op. cit., p. 153.

（3）C. Mango, *The Homilies of Photius, Patriarch of Constantinople*, Eugene: Wipf and Stock Publishers, 1958.

（4）西方ラテン語圏ではアウグスティヌスによる触知的発出光説が大きな影響力をもった（「肉眼を通して現れ出て、我々が見るあらゆるものに触れる光」*De trinitate* 9.3.3）。

あとがき

本書は、私にとっては前二著『善く生きることの地平――プラトン・アリストテレス哲学論集』『教父と哲学――ギリシア教父哲学論集』に続く三冊目の単著論集である。ただし、今回は前二著のような学術論文集ではなく、もっとくだけたエッセイの類を集めたもので、内容的にも、古代ギリシア哲学とかギリシア教父学といった特定の学問領域からはみ出した極めて広範で一般的な事柄を話題にしている。普段、学会誌のために論文を書く場合と違って、自由気ままに書きたいことが書ける分、専門的な論文ではなかなか論じる機会のない問題にも向き合えたような気がする。とはいえ、所詮、餅は餅屋なので、おのずと話題が哲学、倫理学、キリスト教といったところに向いてしまったのが第一部と第二部である。そんな偏りを補正すべく、第三部では映画、演劇、落語、さらには詩作といった他のジャンルから題材を得て自分なりにあれこれ御託を並べてみた。

大学教員としての生活も後残すところ一年余となり、人生のカウントダウンが始まった今、やり残した仕事の多さに愕然とする。しかし、今さら慌てても仕方あるまい。幸い、これまで書き散らかしてきたものは、知泉書館のご厚意で三冊の論集に纏めることができた。言ってみれば、三度脱皮を繰り返したようなもので、精神的にはなぜかとても若やいだ気分だ。もちろん、それはいっときの錯覚に過ぎないのだが、少なくともそのおかげで次の一歩が踏み出せそうな気がするのだから、ありがたい話である。若い頃から叱咤し続けてくださった知泉書館の小山光夫氏には、本当に感謝しかない。

最後に、私のような道楽者に愛想を尽かすことなく支えてくれた妻と子供たちに本書を捧げたい。

二〇二二年七月

土橋　茂樹

初出一覧

（第三部の多くは、私が一時開設していたネット上のブログに挙げたものである。）

第一部　哲学の余徳

1　哲学の奇妙な効用（『白門』中央大学通信教育部編、第六七一号、二〇〇五年二月）
2　古《いにしえ》の東西文化交流（『白門』同前、第六五九号、二〇〇四年四月）
3　哲学はちょっとアブナイ（？）（『白門』同前、第六八三号、二〇〇六年二月）
4　人は見かけによらない？——古代ギリシアにおける観相の術と情念論をめぐって（『白門』（同前、第七九七号、二〇一五年八月）
5　我々はどこから来たのか（『白門』同前、第八三一号、二〇一八年六月）
6　「神を見る」ということ——大森正樹著『エネルゲイアと光の神学』を読んで（『創文』四一八号、創文社、二〇〇一年一・二月）

第二部　災禍からの再生に向けて——リスクを分かち合う倫理

7　地球化時代の正義とは——『共生と平和への道』を読んで（『春秋』四七二号、春秋社、二〇〇五年一〇月）

8　九・一一以降のハムレット（『中央評論』中央大学出版、二四二号、二〇〇二年一二月）

9　映画『沈黙』を観て（『白門』中央大学通信教育部編、第八一九号、二〇一七年六月）

10　リスクを分かち合う倫理（『白門』同前、第七六一号、二〇一二年八月

11　カントの徳理論と徳倫理学の諸相（日本カント協会第四六回学会、シンポジウム「カントと徳倫理学」提題、二〇二一年一一月二〇日）

12　わがストーマ体験記（『白門』同前、第八四三号、二〇二〇年六月）

第三部　とりとめのない余談

13　「顔なし」と「坊」のサブストーリー——「千と千尋の神隠し」を観て（ブログ、二〇〇一年九月一日付に掲載）

14　デイヴィッドはモニカを愛したのか——映画「A・I」を観て（ブログ、二〇〇一年八月二六日付に掲載）

15 「三方一両損」は円満解決か？（『白門』同前、第七三九号、二〇一〇年一〇月）
16 古今亭志ん朝師匠を偲ぶ（ブログ、二〇〇一年一〇月六日付に掲載）
17 談志と「らくだ」（ブログ、二〇〇二年三月三一日及び二〇〇四年一一月二七日付に掲載）
18 操作する生・操作される生（『中央評論』中央大学出版、二四七号、二〇〇四年四月）
19 ブランチ（「欲望という名の電車」）とウィトゲンシュタイン（ブログ、二〇〇二年五月一一日付に掲載）
20 「三人姉妹」を追放されしトゥーゼンバフの物語（ブログ、二〇〇二年四月三日付に掲載）
21 句集『眠るまで』を読んで（ブログ、二〇〇四年一一月一〇日付に掲載）
22 荒川洋治『詩とことば』を読んで（ブログ、二〇〇五年二月二七日付に掲載）
23 〈価値語論〉の一つのアプローチ（『紀要』中央大学哲学科、第四四号、二〇〇二年）
附録 書評：Roland Betancourt, *Sight, Touch, and Imagination in Byzantium.*（『中世思想研究』中世哲学会編、第六二号、二〇二二年）

人 名 索 引

事 項 索 引

あ 行

か 行

さ　行

た　行

な・は　行

ま～ら　行

土橋　茂樹（つちはし・しげき）

1953年東京生まれ。1978年上智大学文学部卒業。88年上智大学大学院哲学研究科博士後期課程単位取得満期退学。上智大学哲学科助手，オーストラリア・カトリック大学・初期キリスト教研究所客員研究員，現在，中央大学文学部教授。

〔主な業績〕（著書）『教父と哲学―ギリシア教父哲学論集』（2019），『善く生きることの地平―プラトン・アリストテレス哲学論集』（以上、知泉書館，2016）他。（編著）『存在論の再検討』（月曜社，2020），『善美なる神への愛の諸相―『フィロカリア』論考集』（教友社，2016），『内在と超越の閾』（共編，知泉書館，2015）。

（訳書）『アリストテレス全集 12：小論考集』（共訳，岩波書店，2015），R. ハーストハウス『徳倫理学について』（知泉書館，2014）他。（共著）『世界哲学史２―古代Ⅱ世界哲学の成立と展開』（ちくま新書，2020），『自然を前にした人間の哲学』（慶応義塾大学出版会，2020），*Christians Shaping Identity from the Roman Empire to Byzantium*（Brill, 2015）他。

〔振り向きざまのリアル〕　ISBN978-4-86285-367-7

2022年7月25日　第1刷印刷
2022年7月30日　第1刷発行

著　者　土　橋　茂　樹
発行者　小　山　光　夫
印刷者　藤　原　愛　子

発行所　〒113-0033 東京都文京区本郷 1-13-2
電話 03（3814）6161 振替 00120-6-117170
http://www.chisen.co.jp
株式会社　知泉書館

Printed in Japan　印刷・製本／藤原印刷